中國國民黨
中央政治會議紀錄

── 武漢分會 ──
（下）

Minutes of Central Political Council:

Wuhan Sub Political Council

Section II

目　錄

第二十六次常會

議事日程——十七年八月三十一日（星期五）下午一時

（一）擬設自治模範縣案（主席提出）

（二）代理國立武漢大學校長呈報該校八月份支付預算
書請轉財委會照案發給以利進行案（主席提出）

（三）湖北全省清鄉督辦署代電請募賑款實行工賑修築
鄂北道路案（主席提出）

臨時動議

（一）整理兩湖中央稅收案（主席動議）

（二）勵行剿匪劃共以期綏靖地方安輯人民案（主席動議）

（三）各級黨部經費應由何項稅收支出案（主席動議）

（四）湖南魯主席劉財政廳長呈准財政部函知禁煙局劃
歸省辦如何辦理請示遵案（主席動議）

（五）購回印刷捲筒機並建造安置該機房屋案（主席動議）

提案理由並附件

（一）擬設自治模範縣案（主席提出）

提案理由

查訓政期內唯一任務為籌備地方自治，建國大綱第八
條、第一次全國代表大會宣言對內政策第三條及地方自
治開始實行法第一項至六項皆以完成地方自治為目的，
並以一縣為充分自治之區域，列舉辦法頗為詳盡。然各
省於軍事底定而後依照進行者尚屬尠見，其故雖非一

端，而籌備自治之施行程序，以及各種法規、各種預算皆未制定頒布，各省政府靡所適從，實為重要原因之一。顧此程序法規預算動關事實問題，不特中央難於憑空設計，即各省政府亦不能閉門造車，有如建國大綱第八條所舉各端及地方自治開始實行所列六事，關於戶口之清查、土地之測量、警衛之辦理、道路之修築、人民關於四權使用之訓練，以及地價之評定、學校之設立，任舉一項經緯萬端（即如修築道路，究竟每縣道路修築完竣需要專門技術人才若干、工人若干、經費若干、時間若干，人才如何徵集、經費如何籌措，又與國道、省道縱橫支幹之關係，如何收用民地及遷徙墳墓之章程如何，人力、材料之雇購或徵發之規定如何，皆應詳細調度。此外各項準此類推），非有完密規畫，不足以策進行。今使各縣同時並舉，就地方財力而論，既覺有所弗勝，而此項創設人才一時尤難，其選審偶疏，則且以一二人之措置或乖而影響及於全部。況施行伊始，初無前例可作準繩，倘憑理論制為法規，而核諸事實恐多未合，削足以適履，圓鑿而方枘，勢將引起無窮之紛擾，措施一誤，救濟綦難，即能及早補苴，全局已受莫大之損失。馴至浮言煽動，阻力橫生，美意良規，悉成坐廢。如前清末年預備立憲，各地調查戶口未得其法，人民反抗，因而停止調查，即其例也。故為今日之計，祇有先由各省設置自治模範縣，所有縣政設施盡量試驗，以求各種規程預算之平均標準，庶幾各縣所取法，而全

省自治乃有依次完成之望。本會核定兩湖施政大綱民政第三項內列舉設置模範縣一目，意即在此。此事既為籌備自治之先決問題，應即提前辦理，茲由本會規定三大原則如左：

　　一、每省設置自治模範縣之數目在三縣以上五縣以下，縣之選擇不以一等缺為限。

　　二、自治模範縣之經費以該縣各種稅收盡量撥充，如稅收太少之縣並應由省庫補助。

　　三、自治模範縣縣長之資格及待遇宜特別提高，權限宜較擴大，任期須有保障。

此外詳細具體辦法應由兩省各就實地狀況擬定，並即指定縣分呈候本會審核施行。是否有當，敬希公決。

（二）代理國立武漢大學校長呈報該校八月份支付預算
　　　書請轉財委會照案發給以利進行案（主席提出）

提案理由

據代理國立武漢大學校長劉樹杞呈略稱屬校經費業奉鈞會議決每月五萬元，自八月一日起支，所有籌備情形經先後呈奉准備查並飭積極進行各在案。茲以武漢原有各大學圖書儀器均極簡陋，館舍教室褊隘難堪，國家財政復極困難，關於設備建築實難與東西各國大學同其遠大計劃，再四思維，惟有於維持現狀之中仍作逐漸發展之圖。擬就鈞會核准之每月經費五萬元分作經常、臨時兩門開支，經常費維持目前，力求撙節，臨時費用以建築

設備，逐漸擴充。編造八月份支付預算書，除另函財委會請予分別存轉核發外，理合呈請鈞會核准轉令核准轉令財委會照案發給以利進行，至預算書經常門教職員及校工薪金，因臨時校務委員會尚未成立，未能逐節分列，如校長俸給若干，俸給而外應否另有公費，未敢擅專，應請明令規定。但在兼代時間暫不支薪，合併聲明等情到會。應如辦理之處，敬候公決。

附原呈

呈為呈報八月份支付預算書，仰祈鑒核轉令財政委員會照案發給以利進行事。竊屬校經常費業奉鈞會議決每月五萬元，自八月一日起支，所有籌備情形並經先後呈奉令准備查並飭積極進行各在案。竊查東西各國大學關於設備建築之特別會計動輒數百萬，武漢原有各大學圖書儀器均極簡陋，館舍教室褊隘難堪，今欲造成華中文化中心，以立百年樹人之基，似未可敷衍將就，致失鈞會創辦大學之本旨。惟國家財政困難，遠大計劃又萬難一蹴而幾。樹杞思維再四，惟有於維持現狀之中仍作逐漸發展之圖，擬就鈞會核准之每月經費五萬元分作經常、臨時兩門開支，經常費維持目前，以力求撙節為宗旨，臨時費為建築設備之用，將以逐漸擴充。查鈞會議決案屬校經常費每月五萬元，准提前一月於八月一日起發給，不另支開辦費等因。茲遵照分別經常、臨時兩門編造八月份支付預算書，除照繕四份另函財政委員會請予分別存轉核發給外，理合呈請鈞會俯賜鑒核准予轉令財政委員會照案發給以利進行，實為公便。

再者預算書經常門內所有教職員及校工薪金因臨時校務委員會尚未成立，未逐節分列，餘如校長俸給若干，俸給而外應否另有公費，為數幾何，樹杞未敢擅專，應請明令規定。但在樹杞兼代期間暫不支薪，合併聲明。謹呈中央政治會議武漢分會。代理國立武漢大學校長劉樹杞。

（三）湖北全省清鄉督辦署代電請募賑款實行工賑修築鄂北道路案（主席提出）

提案理由

據湖北全省清鄉督辦署養日代電稱鄂北一帶被災慘狀，亟應籌維善後，安撫流離。若沿用放賑舊法，弊多利少，莫若以工代賑，從事修築道路，既免災民流離失所，又可發展本省交通。惟省帑空虛，民力枯竭，此項賑款未便重加擔負，所冀吾黨同人及總分商會義賑團體廣為勸募，俾民得就食之所，路有築成之望等因前來。應如何辦理之處，敬候公決。

附原電

漢口武漢政治分會、第四集團軍總司令部、漢口特別市黨務指導委員會、總商會、銀行公會、武昌湖北省政府、省黨務指導委員會、民政廳、財政廳、建設廳、教育廳、總商會、各慈善團體均鑒。鄂害匪禍，民不聊生，襄鄖一隅，受害更烈，土匪騷擾於前，潰軍蹂躪於後，棄骸易子，機杼為空，餓莩載途，炊煙歌絕，收成無望，田野久虛。頃者我軍收復防區，親睹鄂北一帶被災慘狀，並得一切報告，亟應籌維善

後，安撫流離。宗等午夜焦思，寢食俱廢，若或沿用舊日放賑辦法，匪為力有難周，仍屬弊多利少，若或任其瑣尾四方，則恐饑驅怨集，後患實有堪虞。伏思武漢政治分會有召集流亡之令，湖北省政府有發展省道之圖，意美法良，仁言利溥。值此鄂北民困載深之秋，聽其剜肉補瘡，何如以工代賑，倘令失業之戶從事於道路之建築，擬一面修築由宜城經南漳、保康、房縣、竹山、竹谿達陝西平利，及由老河口經均縣、鄖西至陝西白河兩路線，再由保康、興山至秭歸，一面整理襄花、襄沙兩汽車路枝幹，並進計日課功。是不獨符合先總理訓政時期四境縱橫修築道路之遺教，且足以實現扶助本省經濟發展的交通。宗等素以為築路一事在治安上、軍事上、實業上、文化上、教育上均有密切之關係，固不僅限於救濟失業一端，蓋築路之後所生之效果實大且多。故今日為開發地方之交通計，為拯救眼前之饑民計，於鄂北首行工賑築路之政策，實為急務。第賑工築路辦法係以賑饑之款修路，以待賑之民作工，縱令嚴緊預算，需費亦鉅，民力枯竭，豈堪再事誅求，省帑空虛，未便重加擔負。所冀吾黨同人及總分商會義賑團體、好義急公之紳董，撫鄭氏流民之圖，贊尹台捐麥之舉，廣為勸募，一涓一滴，企觀厥成，同德同心，以善其後，庶幾民得就食之所，路有築成之望，合義粟仁漿之挹注，化崎嶇險阻為康莊，民眾痛苦，解救維速，崔苻隱患，銷於無形。凡百政令，推行以次，此固鄂北災民同感鴻施，行見群策群力必可以建設一新天地也。謹佈愚忱，竚候明教。胡宗鐸、陶鈞叩。養印。

臨時動議

（一）整理兩湖中央稅收案（主席動議）

動議理由

查兩湖稅收業將中央及地方兩部劃分，其屬於中央者為中央軍各費所從出，經責由財政委員會管理，惟現在稅收尚無起色，軍政各費時有支絀之虞，推原其故，實由整理未得其道，訪聞湘岸榷運局在各徵收機關中即以積弊著稱，餘可類推，應切實整頓以裕稅收之處，敬希公決。

（二）勵行剿匪剷共以期綏靖地方安輯人民案（主席動議）

動議理由

頃歲以來兩湖地方迭遭兵禍，近雖秩序稍復，而共黨餘孽蠢動時聞，盜匪縱橫為暴未已，甚至兩者互相勾結利用，以遂其殺人越貨之私。嗟我人民何以堪此，當此新亂之後，宜以勞來安集為先，稂莠弗除，嘉穀何由蕃殖，一切地方建設更安有餘力經營。總理曾詔吾人興利可緩，除害宜急，剷共剿匪，實為今日第一要務，應責成兩省政府及清鄉督辦公署釐定辦法，督飭所屬切實施行，以期綏靖地方，俾多數良民咸得安居樂業。是否有當，敬希公決。

（三）各級黨部經費應由何項稅收支出案（主席動議）

動議理由

現在兩湖各級黨部業經次第設立，所有黨費支出亟當指定以利進行，此款應在中央稅收項下撥付，抑由地方稅收項下動支，應即決定以便撥付，如何之處，敬希公決。

（四）湖南魯主席劉財政廳長呈請准財政部函知禁煙局劃歸省辦如何辦理請示遵案（主席動議）

動議理由

湖南省政府魯主席、劉財政廳長呈略稱准國府財政部函開禁煙自八月一日以後各省民政範圍，請就近指揮監督等因。准此查禁煙一項前經鈞會劃歸國稅，設立專局管理，准函前因當經提出職府會議議決，轉請鈞會核辦，理合呈請示遵等情到會。應如何辦理之處，請公決。

附原呈及函

呈為呈請示遵事。案准國民政府財政部函開禁煙局自八月一日以後歸各省民政範圍，請就近指揮監督等因。准此查禁煙一項前經鈞會劃歸國稅設立專局管理，准函前因，當經提交職府委員會議決，轉請鈞會核辦等語紀錄在卷，理合抄錄原函備文呈請鈞會核示祇遵。謹呈武漢政治分會。計抄呈原函一件。湖南省政府主席魯滌平、湖南財政廳廳長劉嶽峙。

國民政府財政部公函

逕啟者。案奉國民政府第三六四號訓令開查全國禁煙會議組織條例及禁煙委員會組織條例均經本府制定明令公布，應即通飭施行，除分令外，合亟頒發該條例令仰遵照並轉飭所屬一體遵照等因。奉此查各省禁煙前經本部遵照國民政府修正禁煙條例於各省局辦理在案，茲奉頒布前項條例，既以委員會執行全國禁煙事務之機關，而第四條規定各省及特別市政府之禁煙措置及其處分又有由會指導督促之明文，是禁煙政策業已因時制宜，酌量變更，其禁煙行政事務亦即隨之移轉，所有本部原辦各省禁煙應即遵照最近兩項條例，限於七月底一律截止，統歸各省政府接辦，以清權限。已由部令行禁煙局長、副局長等將七月底以前所徵款項掃數解部，並將已未用過印花單照及文卷物品等分別造冊呈送貴政府及本部查核，其八月一日以後之該局事務既歸貴省民政範圍，請就近指揮監督該局長等辦理，藉符明令。除呈報國民政府外，相應函達貴政府煩為查照。此致湖南省政府。財政部長宋子文。

（五）購回印刷捲筒機並建造安置該房屋案（主席動議）

動議理由

查前經本會議決購回前正義報館與禪臣洋行訂購印報捲筒機撥歸武漢圖書編印館應用，並擬定老圃附近建築未竣之房屋為裝置該機之用一案，經令中山日報社長負責辦理，去後旋據該社呈報以該機存放貨棧，每月棧租八十餘兩，至九月五日又將屆滿一月，所有禪臣洋行欠款及建造費、裝置房屋各問題均未經完全解決，且此事開支庫款甚鉅，各種交涉尤為棘手，懇指派專員會同辦理並監督以後一切開支經費用途，並請令飭衛戍醫院將借用房屋遷徙以便裝置機器等情。復准漢口市黨部指導委員會來函轉據民國日報呈稱以在老圃附近建築之房屋工程未竣，現武漢衛戍醫院借住，不便興工，轉請撥款繼續建修，並行衛戍司令部令衛戍醫院人員退出以便裝置機器等由到會，經本會派員調查呈復提出報告，並經本會議決彙案辦理在案。現查該機存放貨棧又將屆滿一月，自應從速付清欠款，搬移裝置，並擬將函復漢口市黨部指委會謂該項機器已由本會購回歸圖書編印館應用，其老圃附近尚未竣工之房屋由本會繼續建修，俾資裝置，以後該項捲筒機仍准中山、民國兩日報印刷報紙，並令武漢衛戍司令部轉飭衛戍醫院將借用房屋即行遷移外，關於該中山日報社長呈賚各項開支數目表，俟交財政委員會審查後再行撥付，另由本會指派專員一人會同該社長辦理並監督以後開支用費，以昭鄭重。是否有當，敬候公決。

議決案

日　　期　十七年八月三十一日（星期五）下午一時

地　　點　本會

出席委員　張知本　胡宗鐸　張華輔　嚴　重　劉嶽峙

請假委員　白崇禧　魯滌平　李隆建　陳紹寬

主　　席　李宗仁因事赴滬，臨時公推張知本代主席

秘 書 長　翁敬棠

紀　　錄　李載民　林眾可

主席恭讀總理遺囑，宣告開會。

秘書長報告處理事務並執行第二十五次常會議決各案經過。

劉委員報告湘省政治及財政概況。

討論議事日程

（一）擬設自治模範縣案（主席提出）

議決：交兩湖省政府籌畫辦理。

（二）代理國立武漢大學校長呈報該校八月份支付預算
　　　書請轉財委會照案發給以利進行案（主席提出）

議決：交財政委員會。

（三）湖北全省清鄉督辦署代電請募賑款實行工賑修築
　　　鄂北道路案（主席提出）

議決：由本會召集武漢各商會、華洋義賑會並各慈善團
　　　體開會討論辦法。

臨時動議

（一）整理兩湖中央稅收案（主席動議）

議決：（一）兩湖中央稅收交由財政委員會負責切實整理。

（二）湘岸榷運局積弊交由財委會派員會同湖南省政府查辦。

（三）兩湖中央稅收除受中央及本會財委會監督外，並由地方政府就近監督。

（二）勵行剿匪剷共以期綏靖地方安輯人民案（主席動議）

議決：交兩省政府及清鄉督辦公署，限期切實勵行。

（三）各級黨部經費應由何項稅收支出案（主席動議）

議決：暫由地方稅收項下開支，交兩湖省政府查照。

（四）湖南魯主席劉財政廳長呈准財政部函知禁煙局劃歸省辦如何辦理請示遵案（主席動議）

議決：湖南禁煙局由省政府直接管轄，在軍事未完全收束以前，所有收入暫仍照原定辦法解交財政委員會。

（五）購回印刷捲筒機並建造安置該機房屋案（主席動議）

議決：所有用費交財政委員會審核，並由本〔會〕秘書處派員會同辦理。

比較重要文件報告

武漢政治分會秘書處逐日處理公文書情形，除尋常事件已列入本會逐日辦事情形表外，茲將處理比較重要文書經過分類列舉報告如左：

（甲）關於民政者計二件

（一）松滋縣縣長代電請援賑案轉飭米捐局對於該縣購運平糶米穀一律免捐由

令湖北財政廳核辦。

（二）薛篤弼陳際翔電就賑務處正副處長職由

電覆。

（乙）關於財政者計五件

（一）財政委員會送到該會第九次常會紀錄由

存。

（二）湖南湘潭商會籌備處呈為釐重病民請令該政府將新釐修改減輕由

交財委會。

（三）財政部函復精鹽特稅於七月二十八日通令取消一切暫仍照向章辦理由

交財委會。

（四）財政部函湖南印花稅局長林舜藩免職以易紹英接充由

交財委會。

（五）湘潭淮商公所代電為該省政府發出清理淮商債務報告書稿所指均非事實請主張公道由

交財委會。

（丙）關於軍事者計二件

（一）樊城商會代電抄送止兌南路軍在該縣勒索開拔費漢票號碼請備案由

批准備查。

（二）湖南全省清鄉督辦電為萍鄉駐軍肅團開拔回省就近派醴陵駐軍一營填防由

存。

（丁）關於建設者計一件

（一）武漢市工程委員會遵令改組正趕辦結束移交由

指令呈悉。

（戊）關於雜件者計四件

（一）第四集團軍總司令部辦公廳抄送禁煙委員會主席張之江宣誓就職並希就近酌派代表出席常會漾電請核辦由

電詢該委員會後再行核辦。

（二）湖北省政府呈組織縣長及佐治職員考試事務處呈報備案由

指令准備案。

（三）湖南省政府委員會送到該會第二十七次常會紀錄由

存。

（四）湖北省政府送到該府第三十九次政務會議議事錄由

存。

第二十七次常會

議事日程——十七年九月四日（星期二）下午一時

（一）湖南省政府委員兼教育廳長張定電呈懇請轉呈開
　　　去兼職案（主席提出）

（二）第四集團軍總司令部函據商民陳熊祥等呈請開辦
　　　鐵廠以廣利源請核辦案（主席提出）

（三）代理國立武漢大學校長劉樹杞呈擬訂徵收學費數
　　　目祈核示案（主席提出）

（四）湖北全省商會聯合會呈懇明定店員屬於商運請鑒
　　　核案（主席提出）

臨時動議

（一）財政委員會宜昌關監督等呈為現金出口上游以何
　　　處為限因公攜帶應否規定護照以便領用商民裝運
　　　現洋請給護照應否照發請示遵案（主席動議）

（二）擬請委粟顯揚金宗鼎為財政委員會委員案
　　　（胡委員動議）

（三）據財政委員會白委員報告禁煙局既劃歸省政府管
　　　轄所有收入未便解交財政委員會案（主席動議）

提案理由並附件

（一）湖南省政府委員兼教育廳長張定電呈懇請轉呈開
　　　去兼職案（主席提出）

提案理由

據湖南省政府委員兼教育廳長張定儢電稱蒙鈞會保薦兼綰教育，受事數月，績效毫無，現當訓政開始，須有富於學識經驗者規畫措施，方期有濟，如定愚昧，非所克勝，懇轉呈開去教育廳長兼職等情前來。應如何辦理之處，敬候公決。

附原電一件

漢口武漢政治分會李主席鈞鑒。竊定猥以菲才，蒙鈞會保薦兼綰教育，勉竭駑駘，藉圖報稱，受事數月，績效毫無，愆尤叢積。現當訓政開始之期，教育實為立國根本，況湘省承歷年喪亂，振衰起敝，經緯萬端，必得富於學識經驗之人規畫措施，方期有濟，如定愚昧，非所克勝，亟宜引劾，以避賢路。伏懇鈞會准予轉呈開去兼職以維教育而安愚拙，無任屏營，待命之至。職張定叩。儢印。

（二）第四集團軍總司令部函據商民陳熊祥等呈請開辦
　　　鐵廠以廣利源請核辦案（主席提出）

提案理由

據第四集團軍總司令部函稱據商民陳熊祥等稟稱查湖北陽新縣雞籠山及海螺山兩處鐵礦每日可採取礦砂六百噸，若連同租廠用煤工資等項統計，每日成本約七千元，可賣生鐵二萬一千餘元，除成本外每日可獲紅利一萬四千餘元，至開辦資本亦負完全責任等情，據稟函請核辦前來。應如何辦理之處，敬請公決。

附原函一件

逕啟者。據商民陳熊祥、胡宗朝呈稱為稟請開辦鐵廠以廣利源而通風氣事。竊查湖北陽新縣富池口雞籠山鐵礦每日採取礦砂六百噸，運道便利，每噸成本不上一元，一也。又陽新西百里外海螺山鐵礦每日可採取礦砂六百噸，所有房屋鐵路生財一應俱全，每噸成本不過一元之譜，二也。又運河北臨城涇井之煤，至漢口諶家磯每噸價洋不過八元之譜，三也。民等查申埠每日所銷生鐵達六百噸多，係英國之新生鐵，每噸價洋六十二元，富池口現有煉廠，惟家具不整，今有漢陽鐵廠、諶家磯揚子廠二廠均可租用，每日煉礦砂六百噸，用煤五百噸，煤價成本每噸約洋十元，共五千元，礦砂六百噸，每噸價洋二元，計成本一千二百元，二共六千二百元。工資伙食一切每日八百元，合共成本七千元，每日可賣生鐵二萬一千六百元，除成本以外每日可獲紅利一萬四千六百元。若能委用民等開辦，所需資本三百萬元至五百萬元，民等能負完全責任，政府若委任經理督辦，民等願意承辦。如下委狀，請寄上海閘北邢家木橋長春路十二號門牌蜀都園，而後民等來鄂面稟一切進行事宜等情，據此相應函請貴分會核辦。此致中央政治會議武漢分會。

（三）代理國立武漢大學校長劉樹杞呈擬訂徵收學費數
　　　目祈核示案（主席提出）

提案理由

據代理國立武漢大學校長劉樹杞呈稱現在開學伊邇，擬訂每人每學期徵納學費十元，全年二十元，呈請鑒核前來。應如何辦理之處，敬請公決。

附原呈一件

呈為擬定徵收學費數目仰祈鑒核示遵事。竊查國內各大學對於徵收學費數目多少不□，屬大學開學伊邇，徵收學費數目亟應早定，茲擬每人每學期徵納學費十圓，全年二十圓。是否有當，理合呈請鈞會鑒核飭遵，實為公便。謹呈中央政治會議武漢分會。代理國立武漢大學校長劉樹杞。

（四）湖北全省商會聯合會呈懇明定店員屬於商運請察
　　　核案（主席提出）

提案理由

據湖北全省商會聯合會呈略稱代表大會期內武漢兩總商會、漢陽、宜昌、老河口、武穴、黃陂、金口、鄂城、蔡甸、保安等縣市十一商會為去年共黨盤據武漢，欲行工黨專政，強迫店員加入工會，以致赤焰滔天，商業凋敝，提案請轉中央黨部明定店員屬於商運範圍，以期鞏固商業逐漸建設等由，經屬會議決轉呈在卷。查店東與店員休戚相關，不可分離，應使兩方聯成整個集體一致對外，不幸再遭打擊，列強經濟壓迫橫生，民生前途不

堪設想，似此問題確為國計民生要圖，應懇鈞會明定店員範圍以興商業而便建設並請察核等情。應如何辦理之處，請公決。

附原呈

呈為呈請明定店員屬商運以期振興商業而便建設仰祈鑒核立案事。竊屬會代表大會期內准武漢兩總商會、漢陽、宜昌、老河口、武穴、黃陂、金口、鄂城、蔡甸、保安等縣市十一商會提出議案，為提議事，竊商業組織之原則，店東與店員本為整體，不可割截，如今為店員，他日亦可為店東，今年為店東，明年亦可為店員，此理我國民黨忠實黨員均能明瞭也。自去年共黨盤據武漢，欲其工黨專政之夢想，硬行割截店員加入工會，以致赤焰滔天，幾陷兩湖商場於絕地，今年幸重見天日，凡我商人自應痛定思痛，速行補救。為此提案請求公決，俾便轉呈中央黨部將店員明定屬商民範圍，以期商業鞏固，黨國建設政策亦得逐漸進行等由，經屬會決議轉呈在卷。溯憶上年兩湖共黨把持政權，提倡階級鬥爭，實行破壞政策，在店員一時麻醉，藉此以為護符，而共黨即持之為武器，硬行割絕店員加入工會，以遂其擾亂商場之計。究之在商言商，店員以屬商界最要分子，其持籌握算懋遷有無，並無店東店員之分，且利害與共，關係至為密切。試以過去之歷史而言，商業凋敝，店員亦隨之失業，休戚相關，實為分裂受害之明證。復查我國商場以中小商人居多，大半經營以謀生活，與店員實無階級之別，非與歐美之大資本家所可相提並

論，故一經損害即相繼停業，而且弱小商人處此世界商業競爭之秋，維繁尚恐不遑，焉能加以破壞。倘不使店東與店員成整個之集體，殘喘商民再遭抨擊，則列強經濟之壓迫自益有加無已，我華冑之民生問題恐不堪設想，言念及此，不寒而慄。是該商會等所提之案確為國計民生切要之圖，為此伏懇鈞會明定店員屬於商運以興商業而便建設，理合據情備文呈請俯賜察核立案批示，實為公便。謹呈中央政治會議武漢分會。湖北全省商會聯合會謹呈。

臨時動議

（一）財政委員會宜昌關監督等呈為現金出口上游以何
　　　處為限因公攜帶應否規定護照以便領用商民裝運
　　　現洋請給護照應否照發請示遵案（主席動議）

動議理由

據財政委員會呈為修正限制現金出口辦法第二項攜帶現金上游各埠者概無限制之規定，其範圍甚為寬泛，究係包括湘蜀等省而言，抑僅以鄂境為限。第三項因公攜帶現金，應否倣運送鈔票先例，由屬會規定護照以便領用，統乞核示祇遵。復據宜昌關監督呈為宜昌商會請給聚興誠護照裝運現洋十萬元前往萬縣，可否照發，請示遵各等情到會。應如何辦理之處，請公決。

附原呈

呈為呈請示遵事。案奉鈞會政字第一七五號訓令發下修正限制現金出口辦法飭該會知照等因。伏查修正辦法第二項

規定攜帶現金往上游各埠者概無限制等語，惟上游範圍甚
為寬泛，包括湖南、四川等省而言，抑僅以湖北境內為
限，屬會未敢臆斷，理合備文呈請鑒核示遵，俾免處理時
發生困難。再辦法第三項因公攜帶現金應否規定護照以便
領用，其護照可否倣運送鈔票先例，即由屬會製發，併乞
核示祇遵。謹呈中央政治會議武漢分會。財政委員張知
本、白志鵾、張難先、劉嶽峙、曾天宇。

呈為呈請事。案據宜昌市商會函稱敬啟者據本埠聚興誠銀
行陳稱為陳請轉請發給護照，以資金融流通而恤商艱事。
緣宜埠為川楚門戶，川中出產運宜，轉口出售向稱繁夥，
全賴金融互相流通以資周轉，各項商務乃能發榮。去歲政
府因鄂境現洋枯緊，曾頒禁止出口之令，川洋只能流入，
不能流轉行之。至今遂已時移勢遷，而與宜毗連之萬縣商
埠因此現洋流出過多，日下桐油山貨等商務發動，金融極
形枯緊，不急設法調劑，一般商業受制非淺。茲敝行調劑
萬埠金融，以助商業發展起見，又以川洋在宜下游，概不
通用，運輸出境於鄂金融亦無妨礙。故擬在此裝運十萬元
到萬縣，以濟該埠急需。為此陳請貴會轉請宜昌關監督發
給護照准予裝運，實為公便等由。據此查該行所陳各節係
為調劑金融活動商貨起見，所請自屬可行，且本埠及長江
上下各埠所賴於該行隨時流通者匪淺，茲雖大批出境，而
此往彼來，該行自當上下接濟，源源不絕，於宜方金融保
無妨礙。據稱前情，除答復外，相應檢同照費函請鈞署煩

為查照，准即賜填由宜裝運銀元拾萬前赴萬縣之護照二紙給領轉發，俾作兩批運輸，以利遄行，至紉公誼等情。查此案前迭據該行呈請發給護照以利遄行到署，當以所運現金為數過鉅，一旦輸運出境，對於市面金融難免不生影響，均經先後批駁在卷。茲既據宜昌商會轉函證明該項現金運輸出境於宜方金融保無妨礙前來，監督覆查亦尚屬實，本應准予所請填發護照，俾便起運而恤商艱。惟前閱報載鈞會有禁運現金出境之通令，以五百元為限，多則沒收，而職署遍查檔案，迄未奉到此種明文。究竟鈞會有無是項通令，暨可否准予填發護照之處，監督未敢擅專。除函復外，理合備文呈請鈞會鑒核，即乞批令祇遵，實為公便。謹呈中央政治會議武漢分會。宜昌關監督李翊東。

議決案

日　　　期　十七年九月四日（星期二）下午一時

地　　　點　本會

出席委員　張知本　胡宗鐸　張華輔　嚴　重

請假委員　白崇禧　魯滌平　劉嶽峙　陳紹寬　李隆建

列席人　財政委員會委員白志鵑

主　　　席　李宗仁因事赴滬，臨時公推張知本代主席

秘書長　翁敬棠

紀　　　錄　李載民　林眾可

主席恭讀總理遺囑，宣告開會。

秘書長報告處理事務並執行第二十六次常會議決各案經過。

財政委員會白委員報告國稅項下收支概況。

討論議事日程

（一）湖南省政府委員兼教育廳長張定電呈懇請轉呈開
　　　去兼職案（主席提出）

議決：電詢湖南省政府魯主席。

（二）第四集團軍總司令部函據商民陳熊祥等呈請開辦
　　　鐵廠以廣利源請核辦案（主席提出）

議決：交湖北建設廳查核辦理。

（三）代理國立武漢大學校長劉樹杞呈擬訂徵收學費數
　　　目祈核示案（主席提出）

議決：照准，應予備案。

（四）湖北全省商會聯合會呈懇明定店員屬於商運請鑒
　　　核案（主席提出）

議決：函送省市兩黨務指導委員會核辦。

臨時動議

（一）據財政委員會呈禁止現金出口上游以何處為限因
　　　公攜帶現金在五百元以上者應否規定護照又據宜
　　　昌關監督呈為本埠聚興誠銀行擬裝運現洋拾萬元
　　　前往萬縣應否照發護照示遵案（主席動議）

議決：（甲）凡運現金往上游各埠者以鄂境為限，並修
　　　正第十五次議決乙項辦法。

（乙）照發護照。

（丙）照甲項辦法，未便照准。

（二）擬請委粟顯揚金宗鼎為財政委員會委員（胡委員動議）

議決：照委。

（三）據財政委員會白委員報告禁煙局既劃歸省政府管轄所有收入未便解交財政委員會案（主席動議）

議決：兩省禁煙局如有收入，應解由各該省財政廳轉解作為協餉。

比較重要文件報告

武漢政治分會秘書處逐日處理文書情形，除尋常事件已列入本會逐日辦事情形表外，茲將處理比較重要文書經過分類列舉報告如左：

（甲）關於財政者計四件

（一）漢口茶葉公所呈為加重紅茶釐稅懇令湘政府速行修改由

交財委會。

（二）長岳內地稅局呈湖南全省捲煙統稅局及長沙捲煙統稅分局對於查驗方法各執一詞如何處理請示遵由

交財委會。

（三）陶鈞電樊城榷運局無鹽分售請黃局長查例飭淮商運鹽到樊並令公號派人經理鹽款由

交財委會。

（四）財政委員會秘書處送到本會交辦文件週報表四紙由

存。

（乙）關於軍政者計一件

（一）陳委員紹寬豔電奉楊總司令電令回都由

存。

（丙）關於教育者計一件

（一）前國立武昌中山大學臨時同學會譚正培等呈為失學苦況懇飭武漢大學設立本科恢復中大舊生學籍由

令國立武漢大學校長核辦，並批。

（丁）關於建設者計三件

（一）交通部函復尹康林等呈請組織漢口輪船領江公益會一案因引水章程尚未公佈業經批示從緩組織希查照由

批示知照。

（二）漢口特別市黨務指導委員會函請飭漢口電報局對於該會發電與省黨指委會一律待遇由

函交通部並令電報局先行辦理，並函復。

（三）第四集團軍總司令部函抄送溫應星粵漢鐵路建築說帖一件由

函送交通部，並復。

（戊）關於雜件者計二件

（一）湖南省政府委員會送到該會第二十八次常會紀錄由

存。

（二）湖北省政府送到該府第四十次政務會議議事錄由

存。

第二十八次常會

議事日程——十七年九月七日（星期五）下午一時

（一）湖南省政府魯主席呈覆查明保安儲煤公司合同情
　　　形暨奉部電維持萍礦無力接濟又該礦係在江西境
　　　內不便越俎請核示案（主席提出）

（二）湖北省政府主席呈據民政廳長呈為各縣災情甚重
　　　所有穀米雜糧應行一律禁止蒸熬請轉呈核示案
　　　（主席提出）

臨時動議

（一）武漢新聞記者聯合會籌備委員會呈請撥給經常各
　　　費以利進行案（主席動議）

（二）財政委員會主任人選案（主席動議）

（三）財政委員會委員白志鵾等呈請擬設實業銀行以資
　　　發展經濟充裕財源祈核示案（主席動議）

（四）擬聘請張純一湯用彤為武漢圖書編印館委員案
　　　（胡委員嚴委員動議）

提案理由並附件

（一）湖南省政府魯主席呈覆查明保安儲煤公司合同情
　　　形暨奉部電維持萍礦無力接濟又該礦係在江西境
　　　內不便越俎請核示案（主席提出）

提案理由

據湖南魯主席呈稱奉令查明保安儲煤公司呈請備案一

案，查該公司係於漢冶萍公司無力恢復萍礦工程以前，萍礦工人自由開採，維持生活期內收儲採出之煤，以周轉工人食用之資，原屬過渡辦法，有益無害，但合同第三條規定合同有效期間雙方議定為兩年。在兩年有效期內，如漢冶萍公司有力發給員工欠薪，維持萍礦生產時，同時歸還保安公司一切開支用費後方得收回之一項，似與將來漢冶萍公司恢復萍礦工程不無關係。應否飭令修改，及可否准予備案之處，仍候鈞裁等情前來。又據呈稱奉農礦部電開萍礦工程浩大，礦工叢集，倘不設法維持，誠恐匪徒乘機搗亂，特請就近維持等因。查湘省財政困難，固無力接濟，至維持安寧秩序而論，萍礦係屬江西管轄，未便越俎代庖。查兩案均關係萍礦，茲合併提出，應如何辦理之處，敬請公決。

附原呈兩件

呈為呈覆事。案奉鈞會政字第二二七號訓令關於保安儲煤公司籌備處蕭希賢等呈請備案一案尾開仰該省政府迅速切實查明具覆候核等因，抄發原呈及組織大綱規則合同各一件。奉此查屬府前據該公司具呈同由，當以該公司集資儲煤，直接維持工人生活，間接維持萍礦工程，確屬有益之舉，但茲事體大，不歸湘省管轄範圍，究應如何辦理呈請鈞會核示在卷。茲覆查該公司係於漢冶萍公司無力恢復萍礦工程以前，萍礦工人自由開採，維持生活期內收儲工人採出之煤，以救濟工人日食，周轉工人工資。原屬臨時過渡組織，有益無害，但合同第三條

規定合同有效期間雙方議定為兩年，在兩年有效期內，
如漢冶萍公司有力發給工人欠薪，維持萍礦生產時，同
時歸還保安公司一切開支用費後方得收回之一項，似
與將來漢冶萍公司恢復萍礦工程不無關係。應否令飭修
改，及可否准予備案之處，仍候鈞裁。奉令前因，理合
備文呈覆伏乞察核施行。謹呈中央政治會議武漢分會主
席李。湖南省政府主席魯滌平。

呈為呈請事。案准國民政府農礦部易部長培基電開頃據
萍鄉駐軍蕭團長電稱萍礦千鈞一髮，危如累卵，誠恐職
團離防後無人繼續維持，以致國產傾覆，殊為可惜等語
到部。查萍礦工程浩大，礦工叢集，年來因事停頓，倘
不設法迅速維持，誠恐匪徒乘機搗亂，特請就近維持為
盼等因。查萍礦前經屬府建設廳呈奉鈞會指令由該廳派
員赴贛妥商辦法迅速籌備開工，嗣據所派委員饒靖國呈
賫考查萍礦內外工程現狀及商籌開工各項辦法報告計劃
等書，復經轉呈鈞會核示在卷。湘省財政困難，固無餘
力接濟萍礦，即就維持安寧秩序而論，萍礦係屬江西管
轄，亦未便越俎代庖。准電前由，應如何辦理之處，理
合備文呈請鈞會核示祗遵。謹呈中央政治會議武漢分會
主席李。湖南省政府主席魯滌平。

（二）湖北省政府主席呈據民政廳長呈為各縣災情甚重
　　　所有穀米雜糧應行一律禁止蒸熬請轉呈核示案

（主席提出）

提案理由

據湖北省政府主席呈據民政廳長呈略稱各縣災情甚重，據當陽縣長呈請禁止八月份蒸熬一月，業經指令照准並通令各縣斟酌情形預為禁止，並函請煙酒事務局查照，但該局偏重稅收，對於禁止蒸熬只限穀米，其他雜糧仍在不禁。查全省西北一帶山多田少，民食多賴雜糧，穀米次之，其以穀米釀酒者百不一見，若不禁熬雜糧，是直等於不禁。似此辦法，實屬輕視民生，當茲匪共潛滋，饑民挺而走險，影響治安，咎將誰歸。況土產減少，輸入自隨需要而來，有此挹注，不致影響稅收，案關國稅民生，應請轉呈武漢政治分會核示，以便通令各縣知照等情。據此查禁釀範圍原以災情輕重及禁期長短為標準法令，向無禁釀不禁之雜糧之規定，可否准予民政廳通令各縣，如災情甚重，熬蒸盛行，所有穀米雜糧一律禁止蒸熬，以維民食。理合據情轉呈鑒核令遵，以便轉飭遵照等情到會。應如何辦理之處，敬候公決。

附原呈

呈為據情轉呈核示事。竊查前據當陽縣長有代電呈以人禍之後，復遭亢旱，糧食飛漲，懇准禁止八月份蒸熬一月到府，當以民食攸關，禁期復短，迳電復准，並函鈞會財政委員會查照暨訓令財政廳知照各在案。茲據當陽縣長呈稱竊查屬縣旱久成災，縣民籲請於八月份禁止蒸熬一月等情，已於前月有日電呈鈞府請示辦理有案。本月十二日

奉鈞府魚電，業蒙照准，惟十日奉到湖北煙酒事務局第
二五六號令略開查因旱釀酒向不禁及雜糧，據呈各節應准
予八月份暫禁穀米蒸酒一個月，其雜糧釀酒仍應照章徵
稅，仰即會同該縣分局佈告施行等因。是則省局業已指定
禁蒸穀米，鈞電照准禁止蒸熬一月，但先後奉文之期已屆
本月中旬，縣長為國稅民食雙方兼顧起見，擬定於奉文之
日起至本月底止，所有縣屬釀戶在半月以內凡屬正雜食糧
一律停蒸，月半以前無論所蒸何糧，概行遵章納稅，不准
偷漏。業經令行各區團董，並佈告各釀戶一體遵照辦理
矣。除將辦理情形分別呈報湖北民政廳、湖北煙酒事務局
備查，暨咨行當陽煙酒事務分局查照外，理合呈報鑒核令
遵等情。正核辦間，旋據民政廳長嚴重呈稱竊查本年入夏
以來雨澤愆期，迭據各縣呈報災情甚重，秋收絕望，兵燹
之餘，繼以凶年，哀此孑遺，其何以堪。職廳為詳核災
情，力謀挽救起見，曾於中央尚未頒布辦理災款條例以前
擬有防荒及報災辦法通令遵照在案，嗣據當陽縣長盧邦燮
轉報該縣旱象已呈，糧食飛漲，哀鴻嗷嗷，無法維持，擬
禁止八月份蒸熬一月，俟雨澤透足，秋收有望，再行開禁
等情。據此當以禁止蒸熬亦屬防荒之一法，雖於酒之稅收
略有妨礙，但兩害相權應取其輕。除指令照准並通令各縣
斟酌當地情形，如災情甚重蒸熬盛行，亦應預為禁止以維
民食，並將辦理情形隨時具報備查外，函請湖北煙酒事務
局查照。去後茲准復函內開查此案已據當陽縣長盧邦燮逕
呈到局，當經指令文曰有代電悉查因旱禁釀向不禁及雜

糧，原為國稅民食雙方兼顧，據呈各節應准予八月份暫禁穀米蒸酒一個月，以順民情，其雜糧釀酒仍應照章徵收，仰即會同該縣分局佈告施行，至酒類為民間日用所需，該縣土產減少輸入，自隨需要而來，並著協助分局稽查偷漏，以重稅務，是為至要，此令等語印發，並呈報中央政治會議武漢分會財政委員會鑒核轉行在案。茲准前因相應函復貴廳查照，遇有各縣因災禁釀之案，務祈指令但以穀米釀酒為限，其雜糧釀酒不在禁止之列，以期國稅民食雙方並顧，並祈轉飭當陽縣長遵照，至為公便等由。准此查本省西北一帶山多田少，民食以雜糧為大宗，而米穀次之，其以米穀釀酒者百不一見，若不禁蒸熬雜糧，是直等於不禁。來函似以稅收為重，民生為輕，當此匪共潛滋，萑苻遍地之時，設饑民挺而走險，影響治安，咎將誰歸。況復函亦云土產減少輸入，自隨需要而來，是稅收上已不乏挹注之途，統籌全局，似不至因禁止災區之蒸熬，致影響於全部之稅收。案關國稅民生兩大重要問題，職廳未敢擅專，理合備文呈請轉呈中央政治會議武漢分會迅予核示，以便通令各縣知照，實為公便等情。據此查禁釀之範圍原以災情之輕重及禁期之長短為標準法令，向無禁釀不禁及雜糧之規定，可否准予民政廳通令各縣，如災情甚重蒸熬盛行，所有穀米雜糧一律禁止蒸熬，以維民食之處。除分別指令，仰候轉呈鈞會核示再行飭遵外，理合據情轉呈伏乞鑒核指令以便轉飭遵照。謹呈中央政治會議武漢分會。湖北省政府主席張知本。

臨時動議

（一）武漢新聞記者聯合會籌備委員會呈請撥給經常各
　　　費以利進行案（主席動議）

動議理由

據武漢新聞記者聯合會籌備委員會常務委員陳言等呈略稱
本黨自北伐告成，訓政開始，新聞事業亟應改善，俾得統
一宣傳，實現總理主張武漢為全國中心宣傳，尤關重要，
於是有重新組織武漢新聞記者聯合會之籌備，曾經武漢全
體記者於八月二十六日開籌備會議，議決九月十日前舉行
成立大會，但籌備伊始，需款浩繁，除由各報通訊社及新
聞記者擔任外，所差尚鉅，應懇鈞會准照補助武漢新聞記
者聯合會舊例擬給開辦費四百元，每月補助費四百元，以
利進行等情。應如何辦理之處，請公決。

附原呈

呈為統一宣傳集中革命勢力籌備組織，武漢新聞記者聯
合會懇請撥給經費以利進行事。竊本黨自北伐告成，訓
政開始，新聞事亟宜謀改善之方，俾本黨宣傳得以統一
對外達到總理廢除不平等條約之主張，對內肅清腐化惡
化分子，建設新國家。武漢為全國中心，宣傳事業尤關
重要，是以重新籌備組織武漢新聞記者聯合會，急不容
緩。武漢全體新聞記者業於八月二十六日開第一次籌備
會議決於九月十日舉行成立大會，惟以籌備伊始，需款
浩繁，除由各報館、各通訊社及各新聞記者擔任經費
外，相差數目尚鉅，為此懇請鈞會按照以前補助武漢新

聞記者聯合會舊例撥給開辦費洋四百元，每月補助費洋四百元，俾利宣傳事業之統一，而為黨國前途謀福利，使人民得澈底明瞭本黨主義，而共同參加新中國之建設。事關黨國前途，務懇鈞會准予所請補助經費，以利進行，不勝迫切，待命之至。謹呈中央政治會議武漢分會。武漢新聞記者聯合會籌備委員會常務委員陳言、鍾嘉桐、羅敦偉。

（二）財政委員會主任人選案（主席動議）

提案理由

查本會第四次常會議決財政委員會人選案經議決暫由白委員志鵾負責辦理，其主任人選俟委員補足後再行決定。按該會組織條例第三條，該會員額規定為七人至九人，現委員人數已補足，主任人選應如何決定，請公決。

（三）財政委員會委員白志鵾等呈請擬設實業銀行以資發展經濟充裕財源祈核示案（主席動議）

提案理由

據財政委員會委員白志鵾呈略稱兩湖上年迭經變亂，金融枯竭，以致商場疲敝，產業凋殘，國家財政亦深受影響，倘不籌救濟之方，將恐公私經濟永陷於困頓之域。且兩湖國稅收入全年在數千萬元以上，而無正式機關代理，金庫與財政政策及各國會計制度均有未合，再四考慮以為非亟設立一實業銀行，則不能調劑市面金融，扶

植社會生產，且於兩湖財政之出納及財政政策之調節均
不能措置裕如，至詳細計劃俟奉准組設再行呈送核奪等
情前來。應如何辦理之處，請公決。

議決案

日　　期　十七年九月七日（星期五）下午一時

地　　點　本會

出席委員　張知本　胡宗鐸　張華輔　嚴　重

請假委員　白崇禧　魯滌平　劉嶽峙　陳紹寬　李隆建

主　　席　李宗仁因公赴滬，臨時公推張知本代主席

秘書長　　翁敬棠

紀　　錄　李載民　林眾可

主席恭讀總理遺囑，宣告開會。

秘書長報告處理事務並執行第二十七次常會議決各案經過。

討論議事日程

（一）湖南省政府魯主席呈覆查明保安儲煤公司合同情
　　　形暨奉部電維持萍礦無力接濟又該礦係在江西境
　　　內不便越俎請核示案（主席提出）

議決：據情轉函農礦部核辦。

（二）湖北省政府主席呈據民政廳長呈為各縣災情甚重
　　　所有穀米雜糧應行一律禁止蒸熬請轉呈核示案
　　　（主席提出）

議決：令湖北省政府令知民政廳轉飭一律禁止。

臨時動議

〔（一）（暫个公布）武漢民眾外交後援會呈請補助經
　　　費以便擴大運動乞示遵案（主席動議）

議決：函湖北省漢口特別市黨務指委會查明情形再行
　　　核辦。〕

（一）武漢新聞記者聯合會籌備委員會呈請撥給經常各
　　　費以利進行案（主席動議）

議決：函請湖北省漢口特別市黨務指委會查覆。

（二）財政委員會主任人選案（主席動議）

議決：指定白委員志鵑為該會主任委員。

（三）財政委員會委員白志鵑等呈請擬設實業銀行以資
　　　發展經濟充裕財源祈核示案（主席動議）

議決：令該會切實計劃辦理。

（四）擬聘請張純一湯用彤為武漢圖書編印館委員案
　　　（胡、嚴委員動議）

議決：照聘。

比較重要文件報告

武漢政治分會秘書處逐日處理文書情形，除尋常事件已
列入本會逐日辦事情形表外，茲將處理比較重要文書經
過分類列舉報告如左：

（甲）關於財政者計六件

（一）湖南建設廳呈覆查明前湘鄂臨時政委會挪用內地稅局附徵堤捐係作軍餉乞察核由

轉令湖北堤捐經費保管委員會，並指令。

（二）湖南省政府呈報楊林市設立子卡未便撤銷緣由請察核示遵由

指令呈悉。

（三）整理湖北金融公債基金保管委員會呈覆奉令將湖北官錢局產業執照契約交財廳保管一案當遵照辦理由

指令仍遵照迅速辦理。

（四）長沙總商會呈為稅率過重懇令該省政府在修改章程未竣以前仍照舊章辦理由

交財委會。

（五）財政委員會秘書處送到本會交辦文件周報表第十一十二號兩紙由

存。

（六）財政委員會送到該會第十次常會紀錄由

存。

（乙）關於軍政者計六件

（一）湖南全省清鄉督辦呈送該署清鄉經過概況報告書由

指令嘉勉。

（二）湖南全省清鄉督辦呈處決彭公達等要犯事實請備案由

指令嘉獎並准備案。

（三）第四集團軍總司令部函復傅秀夫稟請發還美隆汽船案據何軍長健查覆係憑空捏造冒認公物請飭鄂省

政府詳核由

轉行湖北省政府查核。

（四）第四集團軍總司令部函轉送湖北測量局附設測量學校所擬預算表暨組織草案請交鄂省政府籌議辦理由

轉令湖北省政府並復。

（五）第六軍教導師師長電為請贛省政府派兵接防以便回湘由

轉函第四集團軍總司令部。

（六）竹谿縣縣長呈報該縣匪情懇通緝叛軍匪首歸案懲辦由

轉函第四集團軍總司令部。

（丙）關於建設者計一件

（一）漢平鐵路局長黃士謙呈報奉令出席交通會議經過情形附呈紀錄祈備案由

指令嘉獎。

（丁）關於司法者計一件

（一）第四集團軍總司令部函為三北公司長安輪淹沒搭客請查辦由

轉行高等法院檢察處核辦，並復。

（戊）關於雜件者計二件

（一）湖北省政府送到該府第四十一次政務會議議事錄由

存。

（二）湖南省政務委員會送到該會第二十九次常會紀錄並附財政整理委員會請剔除榷運積弊呈文由

存。

第二十九次常會

議事日程——十七年九月十一日（星期二）下午一時

（一）核定兩湖行政官吏考成暫行條例案（主席提出）

（二）第四集團軍總司令部函請令行兩湖省政府將國稅
　　　收入款項盡數撥充軍費案（主席提出）

（三）中日實業公司函為財政部直轄湖北造紙廠借款合
　　　同償期瞬屆請照約履行案（主席提出）

提案理由並附件

（一）核定兩湖行政官吏考成暫行條例案（主席提出）

提案理由

查本會前以行政官吏成績之良否重在考成，而考成之方
則貴有具體之標準，曾於第七次常會提出行政官吏考成
大綱，經議決分令兩湖省政府依據大綱原則擬定條規，
呈由本會核議施行在案。旋據兩省政府先後擬定條例呈
送前來，按其所列各條均尚妥協，並據湖北省政府聲稱
該條例先經組織起草委員會起草後，復迭經審查修正云
云，尤見審慮周詳，慎重其事。茲將各該省政府原擬條
文加以審核訂正為兩湖行政官吏考成暫行條例，俟通過
後即分行兩省依照施行。是否有當，敬候公決。

附條例

兩湖行政官吏考成暫行條例

第一條　兩湖省政府所屬各行政官吏之考成，除法律另有規定外依本條例辦理。

第二條　考成方法依獎勵及懲戒行之。

第三條　獎勵分左列各款：

（一）記功

（二）記大功

（三）進級或特別加俸

（四）補實

（五）連任

（六）升擢

（七）呈請國民政府明令褒嘉

第四條　記功三次作為一大功，記大功一次得進級，記大功二次得特別加俸。

第五條　記大功三次以上者，得改署為實。

試署期一年，實任期三年。

第六條　在實任內復記大功二次以上者，得連任或升擢，特別優異者得由該管長官呈請國民政府明令褒嘉。

第七條　關於第三條第一款、第二款之獎勵，由該管長官逕行辦理，呈報上級機關備案。第三款至第七款，應由該管長官呈請該上級機關辦理。

第八條　各行政官吏有左列事項之一者，得記功一次：

（一）服膺黨義，有演說著述及行事可考者

（二）才具練達、辦事敏捷並適合機宜者

（三）每月工作事件完結至十分之八以上者

（四）前任積壓事件除有特別障礙外，悉能清理完結者

（五）辦理新政著有成績者

（六）清廉率屬、剔除積弊確有事實可指者

（七）經理財務有條不紊者

（八）應解稅款依期報解者

（九）拿獲土匪共匪，人證確實至三次以上者

（十）愛護民眾確有惠政者

（十一）作成精密施政方案，經該管長官認為確有心得者

（十二）不辭勞瘁，努力工作半年以上未經請假者

（十三）自捐薪俸五百以上，或勸募捐款千元以上、三千元以下興辦公益慈善事業者

（十四）因公致受輕微傷害者

第九條　各行政官吏有左列事項之一者，得記大功一次：

（一）對於黨義學術有所闡發者

（二）特著奇能消弭臨時變亂危險者

（三）剔除中飽開源節流，整理財政確有成績者

（四）報解田賦租稅依額徵收至十分之九，或徵收上屆積欠至十分之八以上者

（五）應付外交悉協機宜者

（六）懲治劣紳地痞，俾良民得以安居者

（七）拿獲首要匪共或大宗匪共及全數破獲者

（八）保護堤防搶險出力者

（九）接近民眾、詢問疾苦，有特別惠政者

（十）因公負有重傷者

（十一）地方災歉妥籌賑恤，使人民不失所者

（十二）自捐廉俸千元以上，或勸募捐款三千五
　　　　百元以上興辦公益慈善事業者

（十三）舉辦新政有兩項以上成績昭著者

第十條　前二條所未列舉而事實相等者，得受同等獎勵。

第十一條　除第八條、第九條規定外，如勞績卓著者，
　　　　　每款得併記功或記大功二次或三次。

第十二條　懲戒分左列各款：

（一）申誡

（二）記過

（三）記大過

（四）減俸

（五）降等

（六）停職

（七）褫職

第十三條　記過三次作為一大過，記大過二次者得予減
　　　　　俸，或降等三次者得予停職。

第十四條　廢弛或違背職務情節重大者，得逕予停職或
　　　　　褫職。

第十五條　受減俸處分者，依其現在之月俸減額支給，
　　　　　其數為十分之一以上、三分之一以下，其期

間為一月以上、三月以下。

第十六條　受降等處分者，依其現在之官等降一等改敘，無等可降者減其月俸三分之一。

第十七條　受停職處分者停止其現有職務，停職期間為一月以上、六月以下，在停職期間內並停止給俸。

第十八條　受褫職處分者，褫奪其現任之官職。

第十九條　關於第十二條第一款至第三款之懲戒，由該管長官逕行辦理，呈報該上級機關備案，第四款至第七款應送由懲吏院核辦。

在懲吏院未成立前，得由該管長官或轉由該上級機關呈送省政府核辦。

第二十條　懲戒事件如發見尚有刑事嫌疑者，分別送交該管法院辦理。

第二十一條　各行政官吏有左列事項之一者，得予記過一次：

（一）黨義認識不清，言論發現錯誤者

（二）辦事遲緩或敷衍塞責者

（三）每日工作事件積壓至十分之四者

（四）前任積壓事件無特別障礙不能清理完結者

（五）辦理新政毫無成效者

（六）不能力除積弊者

（七）拿辦土匪共匪不力者

（八）不依法定時間到署辦公，一月在三
　　　次以上者

（九）每半年藉故請假至一月以上者

第二十二條　各行政官吏有左列事項之一者，得予記大過
　　　　　　一次：

（一）違背黨紀，有不檢束之言論行為者

（二）違抗命令者

（三）擅離職守者

（四）聽受請托或為人關說者

（五）洩漏機務者

（六）兼充商業執事人員者

（七）與官吏所管職務有直接關係之私人
　　　相借貸者

（八）行止不檢有玷官箴者

（九）辦理外交不力貽誤事機者

（十）縱容劣紳地痞為害地方者

（十一）不認真拿辦土匪共匪者

（十二）玩視民瘼不籌賑恤者

（十三）虧短徵收田賦或租稅至十分之四者

（十四）貽誤河工者

（十五）每月工作事件積壓至十分之六以上者

（十六）對於應辦新政擱置不理者

（十七）違背或廢弛重大要案者

（十八）馭下不嚴致有違法舉動者

（十九）品行卑污有失官吏身分信用者

第二十三條　前二條所未列舉而事實相等者，得予以相同等懲戒。

第二十四條　除第二十一條、第二十二條規定外，如事實重大者，每款得併予記過或記大過二次或三次。

第二十五條　功過得互相抵銷。

第二十六條　各該管長官於實施考成時，應將所屬官吏應獎應懲之事實列入考成表內，或專文陳述呈送上級機關審核，彙由省政府辦理。

第二十七條　自本條例頒布之日始每半年考成一次，但有特別情形者不在此限。

第二十八條　本條例如有未盡事宜，得由省政府隨時呈請武漢政治分會修改之。

第二十九條　本條例自武漢政治分會議決公布之日施行。

兩湖省政府所屬行政官吏考成表						
姓名	職銜	到差日期	薪俸等級	服務勤惰	能力強弱	成績有無
黨義認識	特長學術	曾否受獎	曾否受懲	功過抵銷	擬請獎懲	備考
說明	第二欄內職銜如係試署或代理須填明；四五六七欄內應各填具考語並略舉事實；第八欄內係指對於本黨主義策略政綱了解程度而言；第九欄內如有著述發明或技能須略說梗概；第十欄內如曾受獎係受何項獎勵，並須略舉事項；第十一欄內如係曾受懲戒仍須略舉事實；第十二欄內除功過抵銷外，有無其餘功過併其次數均須填明；第十三欄內請獎或請懲須依據考成條例所訂獎懲款項陳述辦法。						

（二）第四集團軍總司令部函請令行兩湖省政府將國稅收入款項盡數撥充軍費案（主席提出）

提案理由

准第四集團軍總司令部來函轉據經理處呈稱本集團軍各部隊暨兵工廠機關所需經費向賴兩湖國稅收入以資撥充，每月收支不敷甚鉅，近月以來因稅收短絀，財委會撥交軍費比前愈減，致各軍給養一再折發，現狀幾難維持。現在地方敉平，稅收當漸暢旺，擬請將湘鄂所有國稅收入盡數撥充軍費，不得移作別用，以維軍需等因前來。應如何辦理之處，敬請公決。

附原函一件

逕啟者。案據敝部經理委員會委員長張兆棠呈稱呈為呈請事，竊本集團各部隊暨兵工廠機關所需經費向賴兩湖國稅收入以資撥充，每月收支比較不敷，本已甚鉅。乃自近月以來，因稅收短絀，財委會撥交軍費比前愈減，致各軍給養一再折發，現狀幾難維持。當經職會第四次會議僉以軍費困難已達極點，現在地方敉平，稅收當漸暢旺，應由會備文呈請總座咨武漢政治分會令行兩湖省政府遵照，將湘鄂所有國稅收入款項盡數撥充軍費，不得移作別用以維軍需，議決照辦在案。理合備文呈請鈞座鑒核施行，並乞指令祗遵，實為公便等情。除指令知照外，相應函請貴分會令行兩湖省政府遵照以維軍費，實為公便。此致中央政治會議武漢分會。

（三）中日實業公司函為財政部直轄湖北造紙廠借款合同償期瞬屆請照約履行案（主席提出）

提案理由

據中日實業公司駐漢代表古幡景美函略稱貴財政部直轄諶家磯湖北造紙廠於民國八年十一月二十七日與敝公司簽訂墊款合同計日金九十五萬六千四百八十四圓，嗣以逾期不能清償，截至十四年十月十六日止，本利合算計日金一百十二萬餘圓，時即改訂借款合同計日金一百萬圓，月息一分，期限三年，以該廠全部財產作為擔保，每屆滿六個月時，由關鹽稅餘又確實之收入項下以現金交付之，其餘十二萬餘圓外債整理委員會允以現金先行償還為條件，延至今日迄未履行。查該廠財產既經提供擔保，自應予以充分管理，但所有機械房屋多被駐軍損害，曾經敝公司向湖北政務委員會及財政部聲明要求管理在案，茲以該廠改隸武漢政治分會，償期迫切，本利統計已達日金一百五十萬圓，務請照約履行等由到會。應如何辦理之處，敬請公決。

附錄原函及合同

逕啟者。貴財政部直轄之諶家磯湖北造紙廠所有之全部財產，因由敝公司借款計日金一百萬元，已作為敝公司借款之擔保品。惟比年來該廠歷駐軍隊損害產業，故前年敝公司曾向貴國民政府財政部聲明要求管理在案。茲將借款合同抄本一冊專送察核外，特將要點摘錄如左：

一、借款額計日金一百萬元正。

一、利息：按月一分。

一、期限：自締結合同日起滿三週年為止，即截至民國十七年十月十五日。

一、擔保：以造紙廠所有全部之財產。

一、償還方法：每當滿六個月時，由關稅鹽稅餘款又確實之收入項下，以現金交付之。

本上列條件業已載明於民國十四年十月十六日改訂現行合同，查本借款實出於民國八年十一月二十七日，計日本金為九十五萬六千四百八十四元，因償還期限已過，截至民國十四年十月十六日止，本利合算計日金一百十二萬餘元。此十二萬餘元外債整理委員會原允以現金先行償還為條件，但延至今日未見履行，瞬息即至十月十五日，又滿三年之期限矣，計本利已達日金一百五十萬元之譜。查造紙廠先屬於財政部，今屬於國民政府武漢政治分會，因管理上未能充分，以致常駐各種軍隊，其機械房屋損害不少，故敝公司之借款擔保品實難認為完全充分之保管責任，此對於管理上迭次聲明喚起注意之原因也。今借款償還期限迫切，對於本利償還事前當妥議一具體方法，償還期限轉瞬即屆，茲特鄭重通告務須屆時完盡責任，照約履行為荷，實紉公誼。此致國民政府武漢政治分會主席。中日實業公司駐漢代表古幡景美。

財政部直轄湖北造紙廠借款合同

財政部直轄湖北造紙廠（以下稱甲）與中日實業股份有限公司（以下稱乙）協議取銷中華民國八年十一月二十七日所簽訂購機售紙墊款合同，改訂為借款合同，其條件如左：

第一條　本借款金額定為日金一百萬元正。

第二條　本借款利息按月一分行息，每滿六個月由財政部所收的款內在北京付給現款。

第三條　本借款期限自本合同簽訂日起三年為限。
　　　　但期前還款本合同即行作廢，如提還一部分本金時，即按實餘本金數目計息，以昭公允。

第四條　本借款抵押品以甲所有全部財產充之，並附帶財產目錄、契據憑單等件提交於乙。

第五條　前項抵押品甲應付完全保管之責，不論基於何因，致原有補充他種相當價值之替代抵押品或清償其債務。

第六條　前項抵押品於本合同滿期，如甲不能履行規定時，乙得行使抵押權承其營業。如因行使抵押權，其本利收回不敷金額，甲應另以現款清償之。

第七條　甲如欲將造紙廠變賣或另與第三者指押款項等時，事前應商徵乙之同意。
　　　　甲遇有以上情事因而有進款時，應儘先提還本借款之本利金，甲如將造紙廠改歸商辦或官商合辦或出租等，亦應商乙之同意。

第八條　乙經甲之同意得派員視察廠務指導營業，所需往返川資雙方各擔任半額，惟每年不得過二次以上，每次用費不得過四百元。如本合同期限內，甲有僱用外國技師之必要時，應准乙先推薦任用。其僱用合同另行協訂之。

第九條　中華民國政府將來以鹽餘或關稅為基金實行整理外債時，本借款雖在未到期以前，如乙要求一律清理時，中華民國政府應承諾照辦。

第十條　本合同由甲呈請財政部批准之。

第十一條　本合同共繕製同樣二份，甲乙各執一份作據。中華民國財政部直轄湖北造紙廠王宰善。中日實業股份有限公司江藤豐二。中華民國十四年十月十六日。右認證。大正十五年十一月二十二日，在支那日本帝國公使館。

議決案

日　　期　十七年九月十一日（星期二）下午一時

地　　點　本會

出席委員　張知本　胡宗鐸　張華輔

請假委員　白崇禧　魯滌平　劉嶽峙　陳紹寬　李隆建　嚴　重

主　　席　李宗仁因事赴滬，臨時公推張知本代主席

秘書長　翁敬棠

紀　　錄　李載民　林眾可

主席恭讀總理遺囑，宣告開會。

秘書長報告處理事務並執行第二十八次常會議決各案經過。

討論議事日程

（一）核定兩湖行政官吏考成暫行條例案（主席提出）

議決：分行兩湖省政府依照施行。

（二）第四集團軍總司令部來函轉據經理處呈請令知兩
　　　湖省政府將國稅收入撥充軍費案（主席提出）

議決：兩湖國稅收入應充為兩湖屬於中央軍政費。

（三）中日實業公司函為財政部直轄湖北造紙廠借款合
　　　同償期瞬屆請照約履行案（主席提出）

議決：據情轉函財政部查案辦理。

比較重要文件報告

武漢政治分會秘書處逐日處理文書情形，除尋常事件已
列入本會逐日辦事情形表外，茲將處理比較重要文書經
過分類列舉報告如左：

（甲）關於民政者計一件

　（一）國民政府禁煙委員會電為王公使景岐自國際聯
　　　盟會電稱禁煙問題迭受外人指摘並擬組織委員團調查
　　　遠東禁煙希努力剷除煙毒由

　　　電復並兩省政府。

（乙）關於外交者計二件

（一）武漢衞戍司令呈檢查本埠日本電通社發電內載各節皆非事實顯係造謠挑撥函交涉署嚴重交涉請核示由

指令除由交涉署嚴重交涉外，仍仰隨時認真檢查。

（二）湖南人民反日外交後援會呈為漢口各商運湘日貨一案礙難發還並附公約請察核由

俟湖南省政府覆到再行核辦。

（丙）關於財政者計六件

（一）湖南省政府呈清理淮商債務情形並請報告書請鑒核由

交財委會。

（二）財政部函據湘岸榷運局呈陳正煊等請將湘省各邊岸淮鹽每包酌減附稅一元事尚可行函請核辦見復由

交財委會。

（三）財政委員會呈十六年全年度及十七年六月分湖北省中央稅款收支統計圖表請備案由

指令嘉勉。

（四）各省商會聯合會常務委員代電為湘省厘金新章增加過重請令行撤銷由

函復據報已由湖南財政委員會修改。

（五）湖南煙酒事務局長李家白呈請到差及啟用關防由

指令呈悉。

（六）財政委員會送到該會第十一次常會議決案由

存。

（丁）關於建設者計四件

（一）第四集團軍前敵總指揮函抄送前京漢路員呈一件請飭漢平路局整頓維持由

交漢平路局核辦，並復。

（二）交通部電為全國交通會議議決株萍路併湘鄂路由部派員會同兩路局長妥商歸併由

轉知兩省政府暨湘鄂路局。

（三）武漢電話局呈為前呈請購電話機料久未奉批乞速示遵由

令遵湖北建設廳速覆並指令。

（四）萍礦礦長凌善永呈請令株萍粵漢兩路撥車運煤並懇令漢平路撥還前欠煤價由

分別轉行並指令。

（戊）關於軍政者計二件

（一）湖南清鄉督辦呈何會辦等破獲安源共黨機關捕獲要犯由

指令嘉勉。

（二）劉郁芬電奉馮總司令電取銷該總指揮部所有部隊著手縮編由

電復。

（己）關於教育者計一件

（一）湖北教育廳呈鄂省教育行政會議對於本會交案三件均通過由

存。

（庚）關於雜件者計四件

（一）武漢衞戍司令部呈送武漢三鎮各機關暨人員部隊佔用民產已未起租調查表請備案由

指令備案。

（二）中央國術館電為該館常費不敷希籌款接濟由

送財委會酌核辦理。

（三）湖北省政府送到該府第四十二次會議議事錄由

存。

（四）湖南省政府委員會送到該會第三十次常會紀錄由

存。

第三十次常會

議事日程——十七年九月十四日（星期五）下午一時

（一）整理各縣司法案（主席提出）

（二）擬定兩湖物產展覽會綱要案（主席提出）

（三）提議嚴懲私吞小比陋規及其他舞弊營私之稅務人員案（胡委員提出）

提案理由並附件

（一）整理各縣司法案（主席提出）

提案理由

按司法為五權之一，關係重要，現湘鄂兩省除省會及衝要地方設有法院外，其餘各縣尚未遍設。以一縣民刑訴訟均繫於司法委員之手，措置稍乖，弊端遂啟，故整理各縣司法實為今日當務之急。略舉如下：（一）舉行各縣司法人員考試，以期用當其才。查司法部關於各法院推檢之考試任用已頒有條例，而對於各縣司法人員尚無詳細章程之規定。本會前有各項從政人員須經考試之決議，湘鄂兩省對於縣長及佐治員暨其他財政人員之考試亦已次第舉行，各縣審判管獄人員事同一律，自應定期考試，以撥真才而杜奔競。（二）提高審判人員俸給地位以增人民信仰。按審判人員為全縣訟獄所託，若非地位稍崇，則聽斷之餘，輒生輕侮，何足以示平亭而期折服。至訴訟事件本為叢弊之府，若俸給不足養廉，則賢不安於職，不肖者各徇其私，人民生命財產已失其保障，

國家綱紀法律亦且墜其尊嚴，故增高審判人員地位俸給，亦政體所宜然。（三）派員赴縣視察以考其成。現在湖北省政府已有派員分赴各縣考查司法之決議，湖北高等法院亦有分縣視察之舉，所有審判人員是否稱職，辦理案件有無積壓，固悉在考核之中，惟尚宜明定獎懲，以勵廉能，而儆庸懦。此外關於行政事項如拘傳，訊問之手續狀費、印紙之徵收亦宜詳細考查，以便人民而杜弊混。湘鄂兩省應一律施行，俾期同臻上理。以上三端均今日整頓各縣司法要務，是否有當，敬候公決。

（二）擬訂兩湖物產展覽會綱要案（主席提出）

提案理由

本會前為促進工商業起見，曾有籌設兩湖物產展覽會之議，經於第十七次常會議決令行兩湖省政府籌劃在案。旋據湖南省政府呈稱已交湖南建設廳，擬議酌給津貼著手籌備請頒發章程規則前來。查南京國貨展覽已定本年雙十節日舉行，餘如廣西等省亦擬次第興辦，本會自當早日促成，俾瞻厥效。所有該會一切事宜，亟應釐定章制，以資依據而策進行。茲特參酌成例訂定綱要若干項，交由兩省建設廳擬定詳細章則呈候彙核施行，是否有當，敬候公決。

附兩湖物產展覽會綱要

（一）本會定名為兩湖物產展覽會。

（二）本會由兩湖建設廳及總商會籌備設立，受武漢政

治分會及兩湖省政府之監督。

（三）漢口設籌備處，長沙設籌備分處，以湖北建設廳為籌備處主任，湖南建設廳為分處主任。

（四）本會應以左列人員組織之：

（甲）本會聘任人員

（乙）兩湖行政機關選派人員

（丙）兩湖各商會暨各幫代表

（丁）兩湖各大工商業代表

（五）本會分左列各組處理一切事務：

（甲）總務組：掌關於本會之文牘、會計、雜務及招待一切事項。

（乙）徵集組：掌關於物品蒐集事項。

（丙）佈置組：掌關於物品陳列事項。

（丁）保管組：掌關於保管事項。

（六）本會應另設物品評定委員會。

（七）關於物品之徵集及評定規則另定之。

（八）徵集物品約分左列各項：

（一）農產類

（二）林產類

（三）礦產類

（四）水產類

（五）陶瓷類

（六）手工業類

（七）精製及機製類

（八）其他各種物品

上列各項名稱、類別、產地、數量、價值及製造人等，均由寄送人分別註明。

（九）評定物品應分別等級予以獎照或其他獎勵。

（十）本會地點暫定漢口。

（十一）本會會期暫定二個月。

（十二）本會經費由武漢政治分會及兩湖省政府暨兩省總商會分別擔任。

（三）提議嚴懲私吞小比陋規及其他舞弊營私之稅務人員案（胡委員提出）

提案理由

查各項稅收機關自前清以至軍閥時期積弊甚大，除員司舞弊外，有所謂應得之小批及陋規者，綜計入私囊之數額有超過解款總數三倍以上情事。革命政府自號廉潔，剷除貪污之標語遍貼通衢，凡我員司有目共睹，以上所云之小批陋規飽入私囊者，當絕無其事。軍事初定，人民負擔之重亙古未聞，軍隊日常食飯之資，朝不繼夕，財政人員薪俸既優，準時發放，坐支預支，為事之常。揆諸情理，亦應潔己奉公。兩湖徵收機關人員是否廉潔，小批陋規是否仍入私囊，竊未敢必，本會職責所關，似應嚴屬整飭，而尤以所轄中央機關為尤甚。倘查有小批陋規仍入私囊，或有其他舞弊營私者，即以軍法從事，以儆敲骨吸髓之官吏，以慰衣食不繼之軍人。而人民負擔雖重，亦足安其困苦之

心。是否有當，敬候公決。

議決案

日　　期　十七年九月十四日（星期五）下午一時

地　　點　本會

出席委員　張知本　胡宗鐸　張華輔　嚴　重

請假委員　白崇禧　魯滌平　劉嶽峙　陳紹寬　李隆建

主　　席　李宗仁因事赴滬，臨時公推張知本代主席

秘書長　翁敬棠

紀　　錄　李載民　林眾可

主席恭讀總理遺囑，宣告開會。

秘書長報告處理事務並執行第二十九次常會議決各案經過。

討論議事日程

（一）整理各縣司法案（主席提出）

議決：令兩湖省政府、兩省高等法院會同辦理。

（二）擬訂兩湖物產展覽會綱要案（主席提出）

議決：令兩湖省政府轉令各該省建設廳籌劃辦理。

（三）提議嚴懲私吞小批〔比〕陋規及其他舞弊營私稅
　　　務人員案（胡委員提出）

議決：令兩湖省政府財政委員會嚴屬辦理，並由財政委
　　　員會查明小批陋規情形，擬具詳細辦法呈核。

比較重要文件報告

武漢政治分會秘書處逐日處理文書情形，除尋常事件已列入本會逐日辦事情形表外，茲將處理比較重要文書經過分類列舉報告如左：

（甲）關於民政者計二件

（一）內政部函送修正內政部審核更名改姓及冠姓規則請通飭遵照由

轉行兩湖省政府。

（二）湖南省政府電呈該府委員兼民政廳長陳嘉任請假由該廳秘書趙佳白代折代行由

代電轉知仍盼病愈迅即銷假。

（乙）關於財政者計八件

（一）財政部函為長岳關監督呈以萍煤出口應在株州統徵海關正半稅及內地附稅以維舊案請飭財委會詳擬具覆以憑核辦由

交財委會。

（二）財政部函復為英美花旗兩煙公司以曾納統稅否認牌照稅一案經飭遵章繳納並函准外交部令飭江蘇交涉員遵照交涉請查照由

交財委會。

（三）湖南財政廳呈查明荊河腦設局查捐情形請飭萬和萬壽兩輪經過該局照舊停輪報驗乞示由

令武漢衞戍司令部轉飭知照，並指令。

（四）財政委員會秘書處送到本會交辦文件周報表由
存。

（五）漢口總商會呈加抽團捐號棧難於擔負請飭夏口
縣清鄉委員會撤銷由

指令既據分呈，即候該主管機關核示。

（六）湖南湘潭鐵業代表呈釐率加重謹具釐率新舊對
照表懇飭核減由

交財委會。

（七）湖南香業代表呈請裁釐並修改新章由

交財委會。

（八）湖南湘潭蘇廣洋貨代表呈請修改釐稅新章由

交財委會。

（丙）關於軍政者計一件

（一）湖北教育廳呈據情轉請令飭十四軍交通處發還
鄂城教育局同新小輪由

轉函第四集團軍總司令部，並指令。

（丁）關於教育者計一件

（一）湖南教育廳呈復審核旅鄂湖南學校校董會規程
詳加修正請備案由

指令備案。

（戊）關於雜件者計二件

（一）湖南省政府呈報考取行政官吏已經任用人員造
具清冊請備案由

指令備案。

（二）湖北省政府送到該府第四十三次政務會議議事
錄由

存。

第三十一次常會

議事日程——十七年九月十八日（星期二）下午一時

（一）湖北省政府呈覆據財政廳轉呈籌劃發行輔幣券與
　　　銅元券比較利弊詳具理由乞示遵案（主席提出）

（二）長岳關監督兼特派湖南交涉員毛鍾才懇辭特派湖
　　　南交涉員兼職案（主席提出）

（三）湖南省政府魯主席電為兼任湖南交涉員毛鍾才懇
　　　辭兼職遺缺擬以李芳繼任乞鑒核案（主席提出）

（四）擬請制定懲治貪污暫行條例以儆官邪案（胡委員
　　　提出）

提案理由並附件

（一）湖北省政府呈覆據財政廳轉呈籌劃發行輔幣券與
　　　銅元券比較利弊詳具理由乞示遵案（主席提出）

提案理由

據湖北省政府呈稱案據財政廳呈准湖北省銀行籌備委員
會函陳該行對於發行銅元券與輔幣券之利弊反覆討論，
僉以發行輔幣券為宜，詳具理由函復到廳轉呈到府，抄
錄原呈乞鑒核等情到會。應如何辦理之處，敬請公決。
附湖北省政府原呈一件財政廳原呈一件

呈為呈覆事。案據財政廳廳長張難先呈以湖北省銀行籌
備委員會函陳發行輔幣券各種理由，較之發行銅元券似
為妥善，請鑒核示遵等情前來。查此案前奉鈞會政字

第十二號訓令飭轉湖北財政廳遵照悉心籌劃具報備核等因，遵即轉令財政廳遵照辦理，並呈復各在案。據呈前情，除指令候轉呈核示飭遵外，理合抄錄原呈備文呈請鈞會鑒核指令飭遵。謹呈中央政治會議武漢分會。計抄財政廳原呈一件。湖北省政府主席張知本。

呈為轉呈鑒核事。案奉鈞府一一八三號令以奉中央政治會議武漢分會令關於發行銅元券一案仰廳遵照辦理具覆等因，正核辦間，復奉鈞府一三三三號令同前因，各奉此遵即轉函湖北省銀行籌備委員會妥籌辦理，去後茲准該會函復尾開敝會第十二次會議對於發行銅元券與輔幣券之利弊反覆討論，自信用習慣、物價流通、準備印價種種方面而言之，僉以發行輔幣券為宜。茲縷陳理由如下，一、湖北官錢局官票發行垂二十餘年，數額達七千餘萬串，全省適用，鄉人寶藏。自前年官錢局倒閉，官票等於廢紙，人民因之喪失其身家財產者不知凡幾，創痛既深，談虎色變，若再發行銅元券，恐人民將疑為官票之續，不易得其信用。至輔幣券去歲雖曾由中央銀行一度發行，然為數尚微，為時甚暫，於社會經濟無大影響，現若由省銀行發行，似易於推銷。一、鄂省人民之習用銅元由於官票之流通，而官票之流通由於昔日官廳之收支，概以官票為標準，自武漢各商業銀行之大洋券流通市面後，而官票之勢已減。自田賦、釐金各項稅收改用洋碼，而官票之用益微，即官錢局之倒閉亦未始不由於此。現官票失效已迨兩

載，交易授受久改洋碼，其仍用錢碼計算之貨物，只當零件價在大洋一角以下者，仍用錢碼計算之，工資只車夫、挑夫等回數勞動者而已。至鄉間市票，其勢固盛，然其額面有大至五串者，是特大洋券之代用品，非責其輔券之效。一旦省銀行發行大洋券，此項市票自然銷滅，不足據為銅元券流通勢力之證也。準是以觀人民對於銅元之習慣已除，對於國幣之信用漸堅，從貨幣系統言之，不失為良好現象生。現若再發行銅元券，是將已除之惡習而復興之，似為時代所不許。一、論者或慮發行輔幣券有提高物價，壓迫下層人民生活之虞，斯誠仁者用心之言，惟究其實際則不盡然。年來下民生活之困難其故甚多，而濫鑄銅元，漫無限制，厥為重大原因之一。在昔銀元每元纔換每元一串有餘，而今則竟可換四串以上，物價倍蓰昔日，而平民收入不足與物價騰貴率並增，此平民生活之所以日趨困難也，若如此際再加發銅元券，不啻推波助瀾。行見銅元亦充塞，而物價亦騰貴，殊非所宜。至輔幣券則發行有限制，價值有定準，自無銅元券所具之弊。一、現在武漢市面銀元與銅元之間別無中介貨幣，一元以下之受授概用銅元，贅重穢濁，尤多錯誤，其為不便，無待煩言，發行銅元券或輔幣券最大理由端在乎此。在銅元券額面可以小至十枚，而輔幣券額面不能下於一角，自兌換銅元之便利上言之，輔幣券視銅元券為遜，然輔幣有定率，銅元無定價，自合成大洋之便利上言之，則輔幣券視銅元券為優。況一角以下仍可以銅元補其乏，以俟合法之十進銅幣出

現，至銅元券則適與十進制背馳，將來或悉歸於無用，此亦不可不防者也。一、無論發行銅元券或輔幣券，均須具有相當之現金準備，若發行銅元券而以銅元為準備金時，勢須收買市上之銅元，必致銅元一時求過於供而陡漲，銀行必受損失。反之以銅元為準備金時，銅元券必與銅元同價，銅元以濫鑄而價格上下，不定其勢，銅元券對於銀元之價格亦上下不定，準備金時盈時絀，苦難確定，且尤易啟投機者之操縱。曩日官錢局當事之與奸商勾結，正坐此幣。若發行輔幣券，則一以銀元為準備金，積成十角即換銀元一元，既有定率，則操縱者無從措手，準備金自可安定。一、自製券費比較之，銅元券之額面當然應小於輔幣券，自不待言，以銀元一元換銅元四串，計一角輔幣一張應合十枚銅元券四張，其他準是換銅元券之張數總須三、四倍於輔幣券之張數，姑假定發行五十萬元，在輔幣券一角者佔百分之四十，合二百萬張，二角者佔百分之三十，合一百五十萬張，共合三百五十萬張。在銅元券十枚者即須八百萬張，二十枚者須六百萬張，共合一千四百萬張。若印工必求精良以杜偽造，以每張印價約需一分三四釐計算，在輔幣券之印價約為銀元五萬元，而在銅元券則若二十萬元，銀行斷不能任此重負。若印工簡陋，印價固可從廉，而偽幣又將蠭起，銀行亦不堪其損失，此尤顯而易見者也。合綜以上理由，似以發行輔幣券為較善，惟茲事體大，究應如何之處，非敝會所能決定，相應函復貴廳希即查照轉呈省政府鑒核示遵等因。准此查閱該會所陳應發

行輔幣券各種理由頗有見地，究應如何辦理，理合備文轉呈，仰祈鈞府鑒核指令飭遵，實為公便。謹呈湖北省政府。湖北財政廳廳長張難先。

（二）長岳關監督兼特派湖南交涉員毛鍾才呈懇辭去特派湖南交涉員兼職案（主席提出）

提案理由

據長岳關監督兼特派湖南交涉員毛鍾才呈稱前奉令兼任特派湖南交涉員以來已逾半載，近因修改公約致招攻擊，擬請准予辭去特派湖南交涉員兼職，迅即委員接替，以免貽誤而專責成等情前來。應否准其辭去兼職之處，敬請公決。

附原呈一件

呈為任重材輕，懇准辭去特派湖南交涉員兼職，另委賢員接替以免貽誤仰祈鑒核事。竊鍾才前此奉國民政府外交部任命兼湖南特派交涉員，就職以來已逾半載，湘中承共匪擾亂之餘，商業大半凋殘，秩序未盡恢復，困難之積案亟待清釐，複雜之環境尤多牽掣。鍾才本實事求是之心，申開誠布公之義，糾正已往之錯誤，融和各方之感情，整理漸有端倪，精力已形疲敝，乃更事出意外，願違素心，竟因修改對日經濟絕交公約之請求，遂招反日外交後援會之攻擊，悠悠之口縱無定評，耿耿之心終多內疚。但服膺於履霜堅冰之訓，早忘情於徙薪曲突之恩，應請鈞會俯鑒愚忱，准予辭去特派湖南交涉員兼職，迅即委員接替以免貽

誤而專責成，無任悚惶，待命之至。除呈國民政府外交部外，謹呈中央政治會議武漢分會。長岳關監督兼特派湖南交涉員毛鍾才。

（三）湖南省政府魯主席電為兼任湖南交涉員毛鍾才懇
　　　辭兼職遺缺擬以李芳繼任乞鑒核案（主席提出）

提案理由

據湖南魯主席文電稱交涉員兼長岳關監督毛鍾才迭經表示辭卸交涉員職，專任長岳關監督，立意懇決，不欲相強。查有屬府洋文秘書李芳對外交頗為諳練，如承委充交涉員職，當能勝任等情到會。應如何辦理之處，敬候公決。

附原電一件

國急。南京國民政府主席譚、漢口武漢政治分會主席李鈞鑒。屬省交涉員兼長岳關監督毛鍾才前與湖南人民反日外交後援會不協，經國府派員查辦在案。現毛君因輿論未翁，指責頻來，深恐將來措置益形棘手，迭經表示辭卸交涉員職，專任長岳關監督職，立意懇決，不欲相強。查有現任秘書處洋文秘書李芳，係第偕大學經濟專科畢業，歷充國民革命第二第三各軍交通處長洋文秘書，暨河南交涉署總務科長各職，對於外交各節頗為諳練，如承委充屬省交涉員職，當能勝任。謹此電呈，敬候核奪施行。湖南省政府主席魯滌平叩。文印。

（四）擬請制定懲治貪污暫行條例以儆官邪案（胡委員
　　　提出）

提案理由

為提議事。吾黨建設經緯萬端，而首以昭示吾民者厥惟建設廉潔政府一事，誠以非是則不能期政治之刷新，而得民眾之信賴也。兩湖久在軍閥統治之下，官惟私暱，政以賄成，暮夜苞苴，恬不為怪，相習既久，蔚成風尚，一切道德觀念、法律意識悉以泪亡。吾黨適承其弊，雖力圖糾正，而法制未周，舊染既深，蕩湛匪易，以故一年來贓私狼藉之案，屢有所聞，而能盡得情實檢舉懲治者十無一二。殆由法令疏闊，網漏吞舟之魚，固不足以挽頹風而飭綱紀也。查一國政策之能否實施而克奏相當之效果，恆視其人民信仰之程度，以為衡當此訓政時期，一切政策之操持運用胥出於官吏之手，使今日而猶不能一洗軍閥政治之積垢而廓清貪污之風尚，則吾黨之政策將不能得民眾之信仰，而盡失其效用矣。且方以類聚，物以群分，官吏既屬貪污，則一切劣紳土豪狼差虎役比附而至，不獨國家之良法美意為彼輩蠹蝕敗壞以盡，而共黨土匪邪道妖民悉得資為口實，以造擾亂之機，而防礙政治設施之一切糾紛以起。故宗鐸竊謂湘鄂今日之首當注意者，厥惟懲吏法之嚴定與懲吏院之設置也。蓋中央所頒之懲治官吏法與黨員背誓罪條例微覺失之寬泛，殊不足以振頹弊之風而啟懷刑之懼，且對於共黨盜匪土豪劣紳均有特別法之制定，而懲治貪官污吏轉

乃殊闊，若此尤非所以示革新而昭平允之道也。竊謂在
中央未頒定專法以前，似有制定懲治貪污暫行條例之必
要。謹抒管見，提候公決。

議決案

日　　期　十七年九月十八日（星期二）下午一時
地　　點　本會
出席委員　張知本　胡宗鐸　張華輔　嚴　重
請假委員　白崇禧　魯滌平　劉嶽峙　陳紹寬　李隆建
主　　席　李宗仁因事赴滬，臨時公推張知本代主席
秘書長　　翁敬棠
紀　　錄　李載民　林眾可

主席恭讀總理遺囑，宣告開會。
秘書長報告處理事務並執行第三十次常會議決各案經過。

討論議事日程

（一）湖北省政府呈覆據財政廳轉呈籌劃發行輔幣券與
　　　銅元券比較利弊詳具理由乞示遵案（主席提出）
議決：准照湖北省銀行籌備委員會所擬發行輔幣券。
（二）長岳關監督兼特派湖南交涉員毛鍾才呈懇辭特派
　　　湖南交涉員兼職案（主席提出）
議決：併第三案。
（三）湖南省政府魯主席電為兼任湖南交涉員毛鍾才懇

辭兼職遺缺擬以李芳繼任乞鑒核案（主席提出）

議決：轉電外交部。

（四）擬請制定懲治貪污暫行條例以儆官邪案（胡委員
提出）

議決：通過推嚴委員起草懲治貪污暫行條例。

比較重要文件報告

武漢政治分會秘書處逐日處理文書情形，除尋常事件已
列入本會逐日辦事情形表外，茲將處理比較重要文書經
過分類列舉報告如左：

（甲）關於民政者計一件

　（一）漢口市第二特別區管理局呈為軍政機關積欠房
租水費徵收困難懇設法維持由

　　分別抄呈轉第四集團軍總司令部暨湖北省政府，所請
　　將既濟水電公司官股撥付抵償應毋庸議。

（乙）關於外交者計二件

　（一）湖南黨務指導委員會函為持有通行證仇貨運湘一
案請飭漢口商界對日經濟絕交會將通行證停止發行由

　　轉漢口總商會。

　（二）南漳縣團董趙毅呈南路軍逼立押約借襄陽天主
堂書立漢口天主堂匯條四紙請令交涉署通知義領事轉
令止兌由

　　令湖北交涉署查明情形核辦，此批。

（丙）關於財政者計五件

（一）財政委員會呈公推曾委員天宇會同湖南省政府查辦湘岸榷運局積弊由

指令呈悉。

（二）財政委員會呈據湖北禁煙局長聶洸呈報移交清楚請備案由

指令呈悉，准備案。

（三）湘鄂鐵路局呈由滬購運車票車票紙二百萬張請發准免進口各稅護照由

交財委會。

（四）湖北財政廳呈為松滋縣長請飭兩湖米捐局對於特別該署護照購運平糶米穀一律免捐案因該會米捐局非該廳所轄請令湘政府轉飭由

錄原電令湖南財政廳，並指令。

（五）財政委員會送到該會第十二次常會紀錄由

存。

（丁）關於軍政者計三件

（一）第四集團軍總司令部函奉軍委會令轉飭屬軍將所委鄖縣等徵收煙酒委員調回移交各該縣兼辦一案已令胡督辦遵辦請飭知財委會由

轉行財委會，並復。

（二）李總指揮品仙電捷報我軍佔領豐潤進佔唐山等處由

電復。

（三）第七軍特別黨部電該軍實行兵工政策輪派各旅
在武昌拆城築路由

電復。

（戊）關於建設者計一件

（一）株萍鐵路員工代表呈縷陳該路不可與湘鄂路歸
併理由懇電交部收回成命由

轉送交通部，並批。

（己）關於司法者計一件

（一）湖北高等法院首席檢察官呈為夏口地方法院看
守所押犯熊慈舟吞煙致斃案准照熊張氏等聲請移轉武
昌地方法院辦理由

指令呈悉。

（庚）關於雜件者計五件

（一）湖南省政府呈報考取行政官吏已分發各廳處敘用由
指令嘉勉。

（二）內政部函知河北省政府移設北平由
存。

（三）湖北省政府呈委任林逸聖兼鄂北行政委員由
指令備案。

（四）湖北省政府送到該府第四十四次會議紀錄由
存。

（五）湖北省政府委員會送到該會第三十一次常會紀錄由
存。

第三十二次常會

議事日程——十七年九月二十一日（星期五）下午一時

（一）湖北省呈遵令擬定湖北審計委員會各種條例請核
　　　准施行案（主席提出）

（二）湖北建設廳呈請提倡湖北蠶業並呈計劃書乞鑒核
　　　案（主席提出）

（三）財政委員會呈為遵令核擬國立武漢大學校長俸給
　　　及公費數目請鑒核案（主席提出）

臨時動議

（一）湖北省黨務指導委員會暨漢口特別市黨務指導委
　　　員會函覆查明武漢新聞記者聯合會籌備委員會組
　　　織純正尚無不合請酌定津貼案（主席動議）

提案理由並附件

（一）湖北省政府呈遵令擬定湖北審計委員會各種條例
　　　請核准施行案（主席提出）

提案理由

據湖北省政府呈略稱關於組織湖北審計委員會一案前經
鈞會令由屬府擬定呈報備核等因，奉此遵即起草各項條
例，經過數次審查整理，始於屬府第四十四次政務會議
決議修正通過。計擬定關於審計各項條例三種：（一）
湖北審計委員會條例、（二）湖北省政府暫行審計條
例、（三）湖北省政府預算編製暫行條例，理合備文呈

請核准施行等情到會。應如何議決之處，敬候公決。

附湖北省原呈一件又湖北省政府暫行審計條例

湖北省政府預算編製暫行條例

原呈

呈為呈請鑒核事。案查屬府關於組織湖北審計委員會一案，前經呈奉鈞會政字第六四號訓令開案據該省政府呈稱省政府第十一次政務會議財政廳長張難先提議組織湖北全省審計委員會審查各機關、各學校支付各款有無浮濫，擬請於各省審計分院未經成立以前，在本省政府兼廳長委員之外推定委員數人組織湖北全省審計委員會，當議決呈請武漢政治分會核示等情，附抄呈原提案一件到會。據此經本會第六次常會議決（甲）在中央未設審計分院以前，設湖北全省審計委員會；（乙）湖南省政府一律辦理；（丙）審計委員會組織條例暨委員人選，由各該省政府擬定呈報本會備核等因。除分令外，合行抄發原提案，令仰該省政府查照辦理，此令。計抄發原提案一紙等因。奉此屬府遵即起草各項條例，經過數次審查整理，始於屬府第四十四次政務會議決議修正通過，計議定關於審計各項條例三種（一）湖北審計委員會條例、（二）湖北省政府暫行審計條例、（三）湖北省政府預算編製暫行條例。所有屬府遵令擬定湖北審計委員會各種條例緣由，理合備文繕呈鈞會核准施行。謹呈中央政治會議武漢分會。附抄呈湖北審計委員會條例一份、湖北省政府暫行審計條例一份、湖北省政府預算編製暫行條例一份。湖北省政府主席張知本。九月十四日。

湖北審計委員會條例

第一條　本條例依湖北省政府第二十一次政務會議議決
　　　　案制定之。

第二條　本會設委員長一人、委員四人，由湖北省政府
　　　　政務會議推定之。

第三條　委員長如有事故不能出席時，得由各委員互推
　　　　一人為臨時主席。

第四條　本委員會依過半數委員出席之決議執行會務。

第五條　本委員會關於審計事項，依湖北暫行審計條例
　　　　之規定。

第六條　自本委員會成立之日起，湖北省政府所屬各機
　　　　關之預算應一律交付審查並□□□之。
　　　　本委員會不得增加預算。

第七條　本委員會設左列各科：
　　　　第一科掌理文書、收發、監印、管卷、庶務、統
　　　　計及本會之會計，又其他不屬於各科之事項。
　　　　第二科掌理預算事項。
　　　　第三科掌理審計事項。
　　　　各科設科長一人，科員、書記若干人。

第八條　本委員會得自定辦事細則處理會內事務。
　　　　本委員會得制定關於預算及審計上之各項規則
　　　　及書式。

第九條　自省政府決議呈請武漢政治分會核准公佈之。

湖北省政府暫行審計條例

第一條　在省審計分院未成立以前，關於本省政府範圍
　　　　以內一切收支款項審查事宜均依本條例之規定
　　　　執行之。

第二條　凡主管財政機關之支付命令，除係按照審計委
　　　　員會審定之月支經常費預算填發者外，所有關
　　　　於一切臨時工程等費須先經審計委員核准，其
　　　　支付命令與預算案或支出法案不符時，審計委
　　　　員會應拒絕之。

第三條　審計委員會對於支付命令之應否核准應從速決
　　　　定，除有不得已之事由外，自收受之日起不得
　　　　逾三日。

第四條　凡未經審計委員會核准之支付命令，省庫不得
　　　　付款，違背本條規定者應自負其責任。

第五條　左列預算及收支計算應由審計委員會審查：
　　　　（一）省政府歲出入之總決算
　　　　（二）省政府所屬各機關每月之收支計算
　　　　（三）特別會計之收支計算
　　　　（四）官有物之收支計算
　　　　（五）由省政府發給補助費或特與保證各事業
　　　　之收支計算
　　　　（六）其他經法令明定應由審計委員會審核之
　　　　收支計算

第六條　審計委員會為前條審核時，應就左列各項編製審計報告書呈報省政府：

（一）總決算及各主管機關決算報告書之金額與省庫之出納金額是否相符

（二）歲入之徵收、歲出之支用、官有物之買賣讓與及利用是否與法令之規定及預算相符

（三）有無超越預算及預算外之支出

第七條　凡各機關各項建築工程須將省政府議決案及工程計劃書並工程預算書或估單價報告審計委員會備案，如發見與法令預算不符虛浮情事，應分別請求原機關說明或逕呈省政府核示。

第八條　凡各機關購置各項物品綜合價格超過一千元者，須檢同貨單報告審計委員會以便派員前往實地調查。

第九條　各機關大宗購置其物品每件價格如超過一千元者，須先取其最廉之三家商號訂貨單報告審計委員會審定後，方可照價購買。

第十條　審計委員會應將每會計年度審計之結果呈報省政府，並得將法令上或行政上應行改正之事項附陳其意見。

第十一條　經管徵稅或他項收入之各機關，應於每月經過後編造上月收入支出計算書送審計委員會審查。

第十二條　各機關應於每月經過後編造上月收入支出計算
　　　　　書、貸借對照表、財政目錄連同憑證單據送審
　　　　　計委員會審查，但因官營事業之便利及其他有
　　　　　特別情形者，其憑證單據得由各機關保存。
　　　　　前項各機關保存之憑證單據，審計委員會得
　　　　　隨時檢查。

第十三條　審計委員會審查各機關收支計算書，如有疑
　　　　　義得行文查詢限期答復，或派員調查。

第十四條　審計委員會因審計上之必要，得向各機關調
　　　　　閱證據或該主管長官證明書。

第十五條　審計委員會對於第五條所列決算及計算之審
　　　　　查由審計委員會會議決定。

第十六條　審計委員會審查各項決算及計算時，對於不
　　　　　經濟之支出，雖與預算案或支出法案相符，
　　　　　亦得駁覆。

第十七條　審計委員會審查各機關之收入支出計算書及
　　　　　證明單據，認為正當者應發給核准狀，解除
　　　　　出納官吏之責任；認為不正當者應通知各主
　　　　　管長官執行處分，或呈省政府處分之。但出
　　　　　納官吏得提出辨明書請求審計委員會再議。

第十八條　審計委員會認定應負賠償之責任者，應通知
　　　　　該主管長官限期追繳。
　　　　　前項賠償事件之重大者，應由審計委員會呈
　　　　　報省政府。

第十九條　審計委員會得編定關於審計上之各種規則及書式，各機關現用簿記審計委員會得派員檢查，其有認為不合者應通知該機關更正。

第二十條　各機關故意違背計算書或決算報告書之送達期限及審計委員會所定查詢書之答復期限，得由審計委員會通知該主管長官執行處分，或呈請省政府處分之。其故意違背審計委員會所定之各種規則及書式者亦同。

第廿一條　各機關現行會計章程應送審計委員會備查，其會計章程有與審計法規抵觸者，應通知各機關停止執行並依法定程序修改。

第廿二條　審計委員會對於審查完竣事項，自決定之日起五年以內發現其中有錯誤遺漏等情事者得再審查。若發見詐偽之證據者，雖經五年後仍得為再審查。

第廿三條　審計委員會對於審查事項認為必要時，得行委託審查。受委託之人或機關須報告其審查結果於審計委員會。

第廿四條　審計委員會對於預算案不得增加歲出或增加款項。

第廿五條　本條例所定應行審核之各機關預算計算書表、單據等項均應送由主管財政機關核明轉送審計委員會。

第廿六條　本條例施行細則由審計委員會另行規定，但須呈請省政府批准公佈。

第廿七條　本條例如有未盡或應行修改事宜，由湖北省政府政務會議補充或修改之。

第廿八條　本條例自湖北省政府政務會議議決呈請武漢政治分會核准公佈之日施行。

湖北省政府預算編製暫行條例

第一章　總則

第一條　省政府會計年度依照國民政府財政部頒布會計則例之規定，以每年七月一日開始、次年六月三十日止。

第二條　省之租稅及其他收入為歲入，一切經費為歲出歲入，歲出均應編入總預算。

第三條　各年度歲出定額不得移充他年度之經費。

第四條　預算案之款項經政務會議議決後，不得移作他用。

第二章　預算

第五條　歲入歲出總預算應於上年度提交審計委員會，除因必不可免之經費及本於法律或契約所必需之經費致生不足外，不得提出追加預算。

第六條　歲入歲出總預算分經常、臨時二門，每門須分款分項，總預算於提出審計委員會時附送參照書類如左：

一、各官署所管歲入預計書，區分為款項數目

二、各官署主管歲出預計書，區分為款項數目

三、截至上年六月三十日截止者

第七條　省政府本機關各款項須編製歲入歲出經常門或臨時門預算書，經政務會議審查後逕交審計委員會審定，並交由財政廳彙編。

第八條　省政府所屬各機關就近應收應支各款編製歲入歲出經常門或臨時門預算書，呈送各該主管官署審定。

第九條　各主管官署審定所屬各機關編送預算書後，即將本機關所編收支各款項預算書連同所屬各機關預算書一併送財政廳核編，總預算書轉送審計委員會核定。

第十條　支用預備金時，須先期報告審計委員會核定方可動用。

第三章　附則

第十一條　省政府於歲計必要時，得發行短期省庫證券或省公債。

第十二條　本條例如有未盡事宜，得隨時由湖北省政府政務會議修正或補充。

第十三條　本條例自湖北省政府政務會議議決呈請武漢政治分會核准公佈之日施行。

（二）湖北建設廳呈請提倡湖北蠶業並呈計劃乞鑒核案
　　　（主席提出）

提案理由

據湖北建設廳長呈略稱鄂省蠶業清季規模早具，嗣以政
局屢更，經費不裕，指導乏人，以致衰落。現值訓政開
始，百廢待舉，對於此項事業，似應力圖挽救，藉維民
生而裕稅源，並擬具計劃書請指定的款籌設蠶桑學校及
蠶桑試驗場，仿煙台蠶絲學校及上海萬國蠶業改良所辦
法，其學校及試驗場經費每年共需洋十六萬元，除由湖
北建設費項下撥六萬元，其餘請由海關出口絲稅項下撥
七萬兩補助之等情到會。應如何辦理之處，敬候公決。

附湖北建設廳原函並提倡湖北省蠶業計劃書

主席鈞鑒。敬肅者。竊查鄂省蠶業在昔清季規模早具，
後因政局屢變，經費不裕，指導乏人，以致日漸衰落。
現值訓政開始，百廢待舉，對於此項事業似應力圖挽
救，藉維民生而裕稅源。爰就管見所及擬具提倡湖北省
蠶業計劃書，隨函送呈鈞座鑒核，是否可行，尚乞提交
大會公決，實為公便。肅此。恭頌勛安。附呈計劃書一
份。湖北省政府建設廳廳長石瑛謹上。九月十五日。

提倡湖北省蠶業計劃書

鄂省居全國中央，交通便利，氣候溫和，種桑養蠶，最
為適宜，所產黃色繭絲，久已馳名中外。前清末葉，張
文襄公督兩湖時，對於蠶桑之改良煞費經營，創蠶業
局、繅絲局於武昌，設蠶桑專科於湖北高等農業學堂，

聘請外國蠶桑專家計劃一切，購無毒蠶種於日本，採辦大批湖桑於江浙，勸民種桑育蠶不遺餘力，成績卓著，久已膾炙人口。乃輓近以來漸成衰落之勢，且有挖去桑株、拋棄育蠶事業之現象，繭絲出口既日漸減少，民間收入與國家稅源俱不免日見枯竭。查此種蠶桑業衰落之原因固由人民缺乏智識，但政局屢變，經費不裕，指導乏人，實為其主要之原因，今欲圖挽救之法，則非指定的款籌設蠶業學校及蠶桑試驗場不可。茲擬仿煙台蠶絲學校及上海萬國蠶業改良所辦法，請在湖北絲業每年出口稅項下撥七萬兩為本省蠶業改良之用，在政府挹彼注茲，國庫中一時稍受損失，然二、三年後蠶業改良，絲業發達，稅額之加增必至數倍，是不但人民增加收入，國家亦藉此擴充餉源，利民福國，無過於此。茲將改良蠶桑之辦法略述於下：

（甲）設立蠶桑學校一所。現在吾國專門實業學校雖為數頗多，然設備多不完全，所授之知識亦甚膚淺，是以畢業後之學生殊少心得。茲擬建築一規模較擴大、設備較完善之蠶桑學校，以造就蠶桑專門人才。校內組織擬分下列三部：

A 訓練部：招收曾受農業教育之學生，授以養蠶種桑之新知識，鍊練養蠶之手術，務期於最短時間使其心靈手敏，成為蠶桑專門人才。或派充各縣蠶業指導員，或委初級農校蠶學教員，使其擔負推廣養蠶桑業之責。

B 研究部：本部聘請富有蠶業學識之專門家，專司考察各地土質，選擇優良桑苗，培養強壯無毒蠶種，俟其研究已著成效，再分發蠶桑試驗場，施以大規模之種植桑苗並育成多數之無毒蠶種，以便分給農民。此外關於繅絲方法、貯藏新繭方法，以及生絲檢驗方法皆屬研究部之工作。

C 推廣部：本部之職責在協助各縣建設局指導農民種桑育蠶，部內設饒有種桑育蠶經驗之推廣員二百名，其工作分為三期：（一）初春之際，推廣員出發各縣，會同建設局專司分佈各試驗場所植之桑苗及所育之無毒蠶種。（二）養蠶之時，推廣員復至領取蠶種之農區宣傳養蠶之新法，並指正其舊法之謬點，推廣員終日流行民間，直至蠶期終結而止。（三）各戶養蠶將告結束之時，推廣員必須將該縣蠶戶所產蠶繭與蠶絲之量作一報告，俟各縣報告齊聚後再做總個之統計，為本年度推廣成績之總報告，且為逐年產量之比較。

（乙）設立蠶桑試驗場四所。前述研究部所能培養之桑苗蠶種原屬有限，勢非設立廣大試驗場數所繁殖桑苗蠶種，仍不能達到推廣至於全省之目的。故擬設蠶桑試驗場四所如下：

（一）培養蠶種植桑苗場一所，以南湖農場蠶桑部撥充應用，佔地四百餘畝。

（二）模範桑園三所，以沔陽、天門、樊口為分場，各佔地一千畝至五千畝。

（三）附設模模繅絲廠一所，就武昌平湖門外之繅絲廠加以改造或另建新廠。

各場之組織

各蠶業試驗場職員之多寡，以規模之大小而定：

（甲）總技士兼場長一人

（乙）技士二人至五人

（丙）技術員三人至六人

（丁）辦事員若干人

經費之支配

（甲）學校及試驗場經費

A 學校經費：國幣三萬元。

B 學校開辦費及設備費：國幣三萬元。

C 各試驗場建築設備費：共國幣二萬元。

D 整頓現有繅絲廠並添購機器等項：國幣二萬元。

E 學校經臨兩費：每年國幣三萬元。

（乙）各縣蠶業指導所經費

A 建築設備費：擬擇最宜於蠶桑之縣分十二縣，每縣設指導所一處，共十二處，共需洋約兩萬元。

B 經臨兩費：兩萬元。

以上各費每年共需洋十六萬元，除由湖北建設費項下撥六萬餘元外，其餘請由海關出口絲稅項下年撥七萬兩補助之。

（三）財政委員會呈為遵令核擬國立武漢大學校長俸給
　　　及公費數目請鑒核案（主席提出）

提案理由

據財政委員會呈覆為遵令核擬國立武漢大學校長俸給及
公費數目一案，查國民政府現行法規大學教員薪俸表之
規定，大學教授月俸四百元乃至六百元，校長位秩較
教授為隆，茲擬依照簡任職二級俸額規定校長每月六百
元。公費一項因教育界交際較簡，定為每月三百元，請
鑒核等情到會。是否照行，敬候公決。

原呈附後

呈為呈覆事。案奉鈞會政字第三二三號訓令開為令知事據代
理國立武漢大學校長劉樹杞呈報八月份支付預算書請核轉發
給一案，經本會第二十六次常會議決交財政委員會查核辦
理，除該校經常預算之教職員及校工薪金俟該校臨時校務委
員會成立再行編列外，其校長俸給及公費各節應並由該會核
擬具覆，合行附抄原呈及預算書令仰該會遵照此令等因，附
發原呈及預算書各一件。奉此查國民政府現行法規內，十六
年九月份修正公布之大學教員薪俸表之規定大學教授月俸
四百元乃至六百元，大學校長位秩較教授為隆，茲擬依照簡
任職二級俸額規定校長每月俸給為六百元。至公費一項因教
育界交際較簡，定為月支三百元，除准該校函送同月預算書
到會另案辦理，合將遵令核擬該大學校長俸給公費緣由備文
呈覆鈞會俯賜鑒核施行。謹呈中央政治會議武漢分會。中央
政治會議武漢分會財政委員會主任委員白志鵾。

臨時動議

（一）湖北省黨務指導委員會暨漢口特別市黨務指導委
　　　員會函覆查明武漢新聞記者聯合會籌備委員會組
　　　織純正尚無不合請酌定津貼案（主席動議）

提案理由

查武漢新聞記者聯合會籌備委員會呈請撥給開辦、經常
各費以利進行案，經本會第二十八次常會議決函請湖北
省及漢口特別市黨務指導委員會查覆。去後茲准該會等
函覆查明該籌委會組織宗旨純為統一宣傳、闡明黨義，
為武漢新聞記者之集團，為黨宣傳，正資倚畀，組織內
容亦屬純正，應請貴會酌定津貼各等由到會。應如何辦
理之處，敬候公決。

附原函二件

湖北省黨務指導委員會函

逕覆者。准貴會政字第二三五號公函開據武漢新聞記者聯
合會呈請撥給開辦費洋四百元，每月補助費洋四百元，俾
利宣傳事業之統一等情到會，經本會第二十八次常會議決
函請湖北省漢口特別市黨務指導委員會查覆核辦等因，除
分函並指令外，相應函達貴會請煩查明該籌備委員會情
形，並希見覆至紉公誼等因。准此查此案經本會第十六次
常會議決交宣傳部辦理，業經審查該會組織尚無不合，至
該會請求貴會津貼一項，應仍由貴會酌定辦理。茲准前
因，相應函覆，請煩查明是荷。此致武漢政治分會。常務
委員張難先、石瑛、孫鐵人。

漢口特別市黨務指導委員會函

逕覆者。案准貴會政字第二三五號公函，除原文有案不錄外，尾開請煩查明該籌備委員會情形並希見復等因。准此當經敝會派員前往調查，去後茲據報稱該會籌備會委員鍾家桐、黃德貴面述該會宗旨純為統一宣傳闡明黨義，凡在武漢各報館、各通訊社編輯通訊員及外勤記者皆為會員，現經審查合格者計一百零八人，尚須造冊呈送湖北省及漢口特別市黨務指導委員會宣傳部復核，俟復核交下即行定期開成立大會等語。竊以訓政伊始，該會為武漢新聞記者之集團，為黨宣傳，正資倚畀，組織內容亦屬純正，政府機關似應予以經濟上之援助，勉其努力。所有查明該籌備委員會各緣由，理合呈復鈞會核奪等情，據此相應函復貴會查照是荷。此致武漢政治分會。常務委員涂允檀、林逸聖、陶鈞（麥煥章代）。

議決案

日　　期　十七年九月二十一日（星期五）下午一時
地　　點　本會
出席委員　張知本　胡宗鐸　張華輔　嚴重
請假委員　白崇禧　魯滌平　劉嶽峙　陳紹寬　李隆建
主　　席　李宗仁因事赴京，臨時公推張知本代主席
秘書長　　翁敬棠
紀　　錄　李載民　林眾可

主席恭讀總理遺囑，宣告開會。

秘書長報告處理事務並執行第三十一次常會議決各案經過。

討論議事日程

（一）湖北省呈遵令擬定湖北審計委員會各種條例請核
　　　准施行案（主席提出）

議決：應准先行備案。

（二）湖北建設廳呈請提倡湖北蠶業並呈計畫書乞鑒核
　　　案（主席提出）

議決：准如所請，令江漢關監督查照辦理。

（三）財政委員會呈為遵令核擬國立武漢大學校長俸給
　　　及公費數目請鑒核案（主席提出）

議決：如擬辦理。

臨時動議

（一）湖北省黨務指導委員會暨漢口特別市黨務指導委
　　　員會函覆查明武漢新聞記者聯合會籌備委員會組
　　　織純正尚無不合請酌定津貼案（主席動議）

議決：每月酌給津貼二百元。

比較重要文件報告

武漢政治分會秘書處逐日處理文書情形，除尋常事件已
列入本會逐日辦事情形表外，茲將處理比較重要文書經
過分類列舉報告如左：

（甲）關於財政者計七件

（一）財政部函請令財委會迅照會計則例自十七年一月分起一律補填抵解書並據歷次清冊支出數目分具總收據送部由

交財委會。

（二）財政部函為武昌關監督劉竹深呈請酌加稅率礙難照准由

交財委會。

（三）財政部函派李家白為湖南煙酒事務局長調派劉文煒為該局副局長希查照由

交財委會。

（四）湘岸淮商公所呈湖南財政整委會請剔權運積弊案牽涉淮商特逐條簽正乞鑒核由

交財委會。

（五）湘岸淮商公所呈賚簽正該省財政整委會刊發清算淮商報告書乞示遵由

交財委會。

（六）財政委員會函送該會八月份收交清冊及函稿由

存。

（七）財政委員會秘書處送到本會交辦文件週報表由

存。

（乙）關於軍政者計三件

（一）湖南全省清鄉督辦呈賚共黨要犯姓名及陰險計畫報告冊十份乞轉咨通令偵緝由

印刷轉送，分別呈咨通令一體嚴拿，並指令。

（二）湖南全省清鄉督辦呈報訊明米世珍等確保共黨

已槍決乞備案由

指令備案。

（三）何軍長健電奉魯督辦令回省並彙呈匪情防務概

況由

電復。

（丙）關於建設者計四件

（一）交通部函復修復湘東木橋案現值株萍路歸湘鄂

路已嚴令湘鄂局賡續進行請查照由

存查。

（二）交通部電為株萍湘鄂交接辦法經部核准恐交接

之際或有誤會阻撓請飭屬隨時協助由

轉湖南省政府並復。

（三）株萍路員工代表電呈株萍歸併湘鄂乞收回成命由

批仍候交通部核辦。

（四）湖南省政府呈據湖北黃陂公民呈請全國合作籌

款疏浚大江以弭水患懇轉國府核示由

轉國府，並指令。

（丁）關於司法者計一件

（一）財政委員會呈報查明江漢口內地稅局長譚平營

私舞弊屬實經送法院祈備案由

指令備案。

（戊）關於雜件者計六件

（一）漢口特別市黨務指導委員會函為湖北全省商聯會呈以店員屬於商運案該會贊同業經省市兩指委會建議中央飭知由

轉知商聯會。

（二）湖南省政府呈報行政官吏考試委員會結束情形乞備案由

指令備案。

（三）漢口特別市黨務指導委員會函武漢民眾外交後援會呈請補助經費一案因該會已遵令結束不必補助之查照由

轉行知照。

（四）樊城商會代電為南路軍在樊勒捐漢票二萬餘元願繳由建設廳發給股票交襄沙襄花兩路添購汽車由

批示嘉獎。

（五）中央處理逆產委員會電達該會成立啟用印章由

電賀。

（六）湖南省政府委員會送到該會第三十二次常會紀錄由

存。

附關於湖南省政府保薦教育廳長案來往各電

湖南省政府主席魯滌平篠電為前電保薦趙黃陳張四人請擇一委為該省教育廳長茲將其略電國府審核乞賜鑒由

附原電

國急。即刻到。南京國民政府主席譚、漢口武漢政治分會主席李鈞鑒。屬府委員兼教育廳長張定請辭兼廳長職,前經電保趙、陳、黃、張四君請擇委職任在卷。查趙恆係邵陽人,年四十二歲,北京法政專門學校畢業,歷任匯通法政學校校長、湖南高等審判廳長;陳容衡山人,年四十一歲,湖南優級師範理化科畢業,曾代理湖南教育廳長,任湖南省黨校委員會常務委員兼教務部主任,現任湖南省政府秘書長,暫兼代湖南教育廳長;黃士衡郴縣人,年三十六歲,美國愛阿民大學文學士,美國哥倫比亞大學社會科碩士,歷任湖南商業專門學校校長、湖南大學商科學長、湖南教育廳長;張炯常德人,年四九歲,京師大學師範科畢業,歷任滿南省立第二師範學校、第三女子師範學校各校長,國民革命軍第二軍政治訓練部主任,現任湖南省黨務指導委員。理合開具各人略歷電呈國府以憑審核,乞賜鑒查。湖南省政府主席魯滌平呈。篠印。

湖南魯主席皓電

國。即刻到。南京國民政府主席譚、漢口武漢政治分會主席李鈞鑒。勝密。屬府教育廳長一職懸缺已久，現正值各校開學時期，諸待主持，可否即將前舉四人中任命趙恆繼任，敬祈核奪施行。湖南省政府主席魯滌平呈。皓印。

本會復魯主席電

長沙魯主席勛鑒。本日奉皓電祗悉，同日漢報載中央政治會議已通過任命張炯為湘教育廳長，來電所擬任命趙恆繼任一節俟向中央詢明，如張炯任命尚未決定，再當照轉。除電達中央政治會議外，相應電復查照。武漢政治分會印。

本會呈中央政治會議電

南京中央政治會議鈞鑒。本日漢報載鈞會通過任命張炯為湖南教育廳長，確否，敬乞示復。武漢政治分會叩。

第三十三次常會

議事日程——十七年九月二十五日（星期二）下午一時開議

（一）擬定兩湖懲治貪官污吏暫行條例草案案（主席提出）

（二）湖北省政府呈請將湖北硝礦事宜仍由本省直接監
督乞鑒核案（主席提出）

（三）湖北省政府呈據教育廳呈全省教育行政會議議決
本會交議各案經大會依案議決檢同原議決案轉呈
示遵案（主席提出）

（四）財政委員會呈據湖北煙酒事務局呈因災禁止蒸熬
擬具民食國稅兼顧辦法請鑒核案（主席提出）

提案理由並附件

（一）擬訂兩湖懲治貪官污吏暫行條例草案案（主席提出）

提案理由

查本會第三十一次常會胡委員提出擬請製定懲治貪官污
吏暫行條例以儆官邪案，經議決推嚴委員起草。茲准嚴
委員送到草案全文到會，敬候公決。

附兩湖懲治貪官污吏暫行條例草案

兩湖懲治貪官污吏暫行條例草案

第一條　本條例於湖北、湖南兩省適用之。

第二條　本條例之犯罪由臨時法庭審判之。
　　　　臨時法庭之組織另定之。

第三條　官吏犯有貪污行為經告發或查覺事實明確者，
　　　　由各該長官撤任送交該管法庭審判。

第四條　凡有左列行為之一者為貪污罪：

　　　　一、假借職權要求期約或收受賄賂者。

　　　　一、藉故斂財剝削民眾利益者。

　　　　一、侵蝕或捲逃公款者。

　　　　一、收取陋規或其他不正利益者。

　　　　一、縱容所屬人員犯前四款之罪，因而得間接
　　　　之利益者。

第五條　凡違背法令所得之利益為枉法贓，因沿襲習慣
　　　　而得之利益為不枉法贓。

第六條　犯第三條之罪枉法贓額在千元以上，不枉法贓
　　　　在二千元以上處死刑。

第七條　死刑得用槍斃。

第八條　處死刑者，得抄沒其家產之全部或一部。

第九條　處無期徒刑者，得抄沒其家產之一部。

第十條　贓物已經消失得追繳其價值，但已抄沒家產者
　　　　不在此限。

第十一條　本條例未規定者，依普通刑法辦理。

第十二條　本條例自武漢政治分會議決公布之日施行。
　　　　　本條例依政治分會暫行條例第二條第四項之
　　　　　規定呈請中央政治會議追認。

第十三條　本條例於施行後一年廢止之。

（二）湖北省政府呈請將湖北硝磺事宜仍由本省直接監
　　　督辦理案（主席提出）

提案理由

據湖北省呈據財政廳呈轉湖北硝磺局呈稱奉全國硝磺總局
令自本年七月份起所有稅款解赴財政部核收，一面應報局
核查等因前來。查湖北硝磺原係省有官辦營業，前准湘鄂
臨時政務委員會咨兩湖善後會議議決此項全省硝磺應由省
政府管理，並令財政廳遵照辦理各在案。該廳接辦以來頗
資整理，是湖北硝磺事宜仍由本省直接監督辦理似較妥
善。除指令候轉呈鑒核示遵外，理合抄錄原呈呈請鑒核指
令祗遵等情到會。應如何辦理之處，敬候公決。

附湖北省政府呈一件湖北財政廳原呈一件

呈為呈請事。案據財政廳廳長張難先呈為據湖北硝磺局
呈奉全國硝磺總局令自本年七月份起所有稅款解赴財政
部核收，一面應報局備查以資考核而一事權一案，轉
祈鑒核示遵等情前來。查湖北全省硝磺原係省有官辦
營業，前准湘鄂臨時政務委員會咨以兩湖善後會議第
六十八案第一項議決交省政府管理，並令財政廳遵照辦
理各在案。該廳接辦以來頗資整理，是湖北硝磺事宜仍
由本省直接監督辦理似較妥善。據呈前情，除指令候轉
呈鑒核示遵外，理合抄錄原呈備文呈請鈞會鑒核指令祗
遵。謹呈中央政治會議武漢分會。計抄呈財政廳原呈一
件。湖北省政府主席張知本。

呈為呈請示遵事。案據湖北全省硝磺總局局長胡勇莊呈
稱案奉全國硝磺總局第十一號訓令內開為訓令事案照本
局長遵奉部令組織成立設局辦公，業經呈報並分別令
知各在案。現在開辦伊始，亟須確定辦事程序，積極進
行，力圖整頓，嗣後各該局自本年七月份起所有稅款一
面解赴財政部核收，一面應報由本局備查以資考核而
一事權。除分行外，合行令仰該局即便遵照辦理。至各
省稅收情形自有不同，究竟每年比額若干、坐支經費若
干，亦應詳細列表呈核，均毋遲延，仍將遵辦情形先行
呈覆，此令等因。奉此除將職局隸屬鈞廳經過情形備文
呈復外，理合呈請鑒核訓示祇遵，實為公便等情。據此
查湖北硝磺局原係湖北省有官辦營業，財政部遷鄂後即
改由部轄，前奉鈞府第七二九號令以准湘鄂臨時政務委
員會咨以兩湖善後會議第六十八案第一項內開湘鄂境內
之公礦及官辦營業應歸省政府管理議決交兩省省政府分
別辦理等因，檢發原卷令廳遵照辦理在案。茲據前情，
究應如何辦理之處，除指令外，理合具文呈乞鈞府俯賜
鑒核指令祇遵，實為公便。

（三）湖北省政府呈據教育廳呈全省教育行政會議議決
　　　本會交議各案經大會依案議決檢同原議決案請轉
　　　呈示遵案（主席提出）

提案理由

據湖北省政府呈據教育廳呈稱上月召集湖北全省教育行

政會議，奉武漢政治分會交議實行平民識字運動案、屬行義務教育案、各地廟宇除正當祀典外一律廢止改建貧民學校以祛迷信而裨實用案共三件。業經大會依案議決，茲連同議決案並實施辦法呈請轉呈到府，理合據呈轉請鈞會鑒核以便轉飭遵照等情到會。應如何辦理之處，敬候公決。

附原呈一件議決案三件

呈為呈轉事。案據教育廳廳長劉樹杞呈稱呈為呈請核轉示遵事，竊職廳上月召集湖北全省教育行政會議，奉武漢政治分會李主席交議實行平民識字運動案、屬行義務教育案、各地廟宇除正當祀典外一律廢止改建貧民學校以祛迷信而裨實用案共三件。業經人會依案議決，理合備文連同議決案各二份呈請鈞府鑒核並轉呈武漢政治分會鑒核批示遵行等情。據此理合檢同原件具文轉呈鈞會，伏乞鑒核指令以便轉飭遵照，實為公便。謹呈中央政治會議武漢分會。計呈賫議決案三份。湖北省政府主席張知本。

社會教育組提交經討論補充辦法

提議人：李主席

議題：實行平民識字運動案

理由：已詳政分會訓令內

辦法：照原案通過

（一）設　武漢市平民識字運動處管理武漢一切平民識字

事宜，置處長一人、辦事員若干人。

（二）按照公安局原畫區署將武漢市分為若干識字運動區，每區設一辦事處。

（三）請民政廳令行公安局各區署負各該區內平民識字運動之責。

（四）由公安局代覓初級小學校址，會館、公所、善堂及其他露天場所借作設立平民識字分處之用。

（五）聘各小學教職員之熱心平民教育者充任平民識字教員，並優其待遇。

（六）購辦黑板、棹椅、幻燈、掛圖、平民、千字課（新改訂者）抄本、筆墨、徽章、標語、旗幟、留聲機及其他教學用品。

（七）各區教員應各在辦事處食宿，朝夕研求教學訓導之方品，與公安局人員共負宣傳之責。

（八）教員每二人為一組，同時上課，互為講授與管理。

（九）每組每日上課四次，甲處上課兩次後再至乙處教授二次，每次限一小時。

（十）上課時間以下午及夜間為宜。

（十一）教學以掛圖及幻燈為主，課本與抄本輔助之。

（十二）課餘講話應注重黨義之宣傳。

（十三）每一識字分處置工人一名管理之，或以會館、公所、舊堂之工人管理之。

（十四）依照千字課程序兩個月教畢，考試發給畢業證書。

（十五）成績優良之識字生給以獎章，或介紹各機關任相

當工作。

（十六）平民識字經費請湖北省政府另行撥給。

李主席所提「各地廟宇除正當祀典外應一律廢止改建貧民學校以袪迷信而裨實用案」

議決：由教廳與民廳會擬「各地廟宇調查表」，由省政
府通令武漢公安局及各縣署縣公安局負責調查。
其調查結果在縣內者，由縣長、縣教育局、縣公
安局組織委員會審查其存廢；在武漢者，由政治
分會、省政府、各廳省市黨部組織委員會審查其
存廢。其所廢廟宇即作為貧民學校之用，屬行義
務教育案。

屬行之步驟：屬行義務教育須先定步驟，俾得循序漸
近，分期實施，依期完竣以收義務教育之效。

設立義務教育委員會

（甲）省政府教育廳遵照大學院所頒關於義務教育之規
程設立義務教育委員會，各縣根據省區委員會之組織設
各縣義務教育委員會，切實襄助教育行政機關計劃促進
義務教育事宜，其細則另定之。

（乙）調查學齡兒童。各縣學齡兒童之調查由省政府教育
廳製定調查表，於六個月由各縣教育局會同公安局分區負
責切實調查，並擬具屬行各該縣義務教育之具體計畫送呈
省政府教育廳彙編學齡兒童統計及實施義務教育特刊分發
各縣，以作進行之準備。

（丙）分期實施程序。鄂省人口約有三千五百十八萬學童，以普通比例人口十分之一計算約有三百五十一萬八千，除武漢兩區內之就學兒童不計外，尚有三百二十二萬失學者。根據全國教育會議屬行義務教育實際程序乙項之規定，各地失學兒童數每年應減少百分之二十。鄂省義務教育可分為五期，然必須根據乙項先從調查各縣學齡兒童著手，自本年八月起至明年一月，將各縣學齡兒童調查完竣以為分期實施之準備。茲將各時期分列如左：

第一期自民國十八年二月起至十九年二月，省城通商口岸及各縣城繁盛市鎮辦理完竣。

第二期自民國十九年二月起至二十年二月，三百戶以上之鄉鎮辦理完竣。

第三期自民國二十年二月起至二十一年二月，二百戶以上之鄉村辦理完竣。

第四期自民國二十一年二月起至二十二年二月，一百戶以上之村莊辦理完竣。

第五期自民國二十二年二月起至二十三年二月，一百戶以上之村落辦理完竣。

其不及百戶之村落於此期內聯合辦理之。

（丁）劃分學區。全省以縣為單位，各縣為小學區，畫每區分為若干完全小學區，每區組織區義務小學委員會計劃各該區義務教育事宜。每區設一完全小學校及若干初級小學校，其學校分設之多寡以各該區地方情形及人

口之密度為標準。

（戊）造就師資。鄂省失學兒童既有三百二十二萬之多，則學校教課假定四十人為一班，即有八萬零五百班，每班教員二人需得十六萬一千人，此種教師由何而來。

根據中華教育改進社調查民國十四年至十五年中等學校教職員及學生統計，鄂省省立縣立、私立各中學學生有七四九八人，假定每年畢業四分之一，十年內不過畢業八千七百四十五人。如人人充小學教員，至多佔總額百分之二十，此造就師資所以應為先決問題也。茲將補救辦法略舉數端如左：

（一）開辦高中師範學校。在武昌設立期限三年專收初級中學畢業生，其年齡在十六歲以上、二十歲以下者，學膳費均免收。畢業後應在省市縣立各小學服務三年，否則追還學膳等費。

（二）開辦鄉村師範學校。在武昌附近設立鄉村師範，分專修、講習兩科。專修科期限三年，專收初中畢業程度，年齡在十六歲以上、三十歲以下，志願服務鄉村教育者；講習科期限一年，專收各縣現任鄉村小學教員，年齡在二十歲以上、二十五歲以下者。均由各縣教育局就現任鄉村小學校教員中遴選，呈送教育廳審查合格則准予入學，學膳費均免收。畢業後須仍返各該鄉村小學服務至少三年，否則追還學膳等費。

（三）開辦各鄉村師範講習科。各縣各鄉學齡兒童調查確數共有若干，應需教師若干，即就各該縣開

辦師範講習科專收初中畢業生或其程度相等而年齡較長者設課程教授，畢業期限暫定六個月或一年，畢業後即派充各鄉區義務教育教師。如仍不敷分佈，來年仍當擴充班次，務使足敷應用為止。

（己）籌措經費。全省三百二十二萬失學兒童既分為八萬零五百班，每班開辦費假定一百元，共需洋八百零五萬元，每班經常費假定三十元，共需洋一千零四十六萬五千元。此款若斯之巨，如何籌措是一大問題。茲擬辦法如左：

（一）開辦費歸地方擔任。

（二）財富之縣區由該縣區完全擔任，次則由省庫補助其十分之四，貧瘠之縣由省庫擔任其十分之六七，□補助費按照各縣區實際狀況另行規定之。

（庚）經費來源。鄂省教育經費之來源甚多，茲略舉數項如左：

（一）畝捐：可仿照江蘇辦法徵收畝捐，自八分至一錢六分，該捐出自地主，不增加農佃擔負。馮總司令以豫陝甘三省平民暨義務教育之頹廢定教育經費捐輸辦法，凡有土地在五十畝以上者令歲輸教育經費若干，百畝以上者再加倍，依此累進。湖北亦可仿此辦理。

（二）遺產捐：按遺產之厚薄定捐數之多寡。

（三）契約附加稅：各縣徵收稅契附加稅，惟不得超過契價百分之二。

（四）煙酒附加：此為消耗之一，應照各地方情形

增減之。

（五）捲煙附加：此亦消耗之一，惟不得超過正稅百分之二十。

（六）註冊稅：民國十六年十二月國府規定註冊稅全部充教育經費，半歸地方半歸中央，凡劃歸地方者可充作義務教育經費。

（七）廟產捐：各縣廟可按地方情形酌定劃分若干為教育經費。

（八）房捐：於城市中抽收。

（九）特產捐：本省各縣特產，其暢銷者酌量抽收，不得超過百分之二。

（十）逆產稅：視附逆之輕重，可沒收其全部分或一部分。

（十一）迷信捐：如經懺、錫箔等捐酌量抽收。

（十二）庚款：由中央支配凡屬於鄂省之一部分庚款，應悉數充義務教育經費。

（十三）荒地劃撥：全省沙田、湖田、荒山、荒郊墾地價十分之四為義務教育經費。

（十四）普通徵收捐：由各徵收局附加徵收義務教育經費百分之二。

（辛）編製統計。萬事萬物之狀況與差異，非有統計不能明瞭，義務教育事業全省須通盤籌畫，凡區之廣狹，經費之多寡，學齡兒童之確數，果能一一枚舉，則教育行政之辦理易於措手。欲求義務教育之普及，於此當首

先注意。

（壬）宣傳意義。知難行易，總理垂有明訓。一般辦理
教育人員欲求計劃之實行，應先求人民之了解宣傳意
義，實為開導人民之唯一良法。或演講宣傳，或文字宣
傳，或圖畫宣傳，務使地方人民完全了解，則辦理義務
教育自能依次進行，毫無滯礙。

（癸）獎勵成績。信賞必罰為我國政治歷史上固有之成
法，勵行義務教育當本此主旨規定辦法以資勸懲：

> （一）縣長及教育行政人員獎懲法（二）地方辦學
> 人員獎懲法（三）成年失學兒童強迫就學法（四）
> 捐資興學或違令抗捐之獎懲法。以上四端分別擬
> 定，使各地方行政長官及一切團體切實奉行。

附屬行義務教育統計表

（一）失學兒童分期就學表。全省學齡兒童共有三百
二十二萬人，每期減少百分之二十，其數統計如左：

期限	每期增進成數	每期就學兒童增進數	每期失學兒童剩餘數
一	百分之二十	六十四萬四千人	二百五十七萬六千人
二	百分之四十	同上	一百九十三萬二千人
三	百分之六十	同上	一百二十八萬八千人
四	百分之八十	同上	六十四萬四千人
五	百分之一百	同上	辦理完竣
總計	百分	三百二十二萬人	

（二）每期各項經費數目表。表中經費係每期遞加總數，五年後每期經常費共計二千二百五十四萬元。

期限	開辦費	經常費	教師訓練費
一	一百六十一萬元	二百零九萬三千元	八十萬元
二	同上	四百一十八萬六千元	同上
三	同上	六百二十七萬九千元	同上
四	同上	八百三十七萬二千元	同上
五	同上	一千零四十六萬五千元	同上
總計	八百零五萬元	三千一百三十九萬五千元	四百萬元

（三）每期遞增級數目表。全省失學兒童有三百二十二萬人，平均每級以四十人計算，共需八萬零五百級，每級應增數目列左：

期限	每期應增級數	每期遞增級數
一	一萬六千一百級	一萬六千一百級
二	同上	三萬二千二百級
三	同上	四萬八千三百級
四	同上	六萬四千四百級
五	同上	八萬零五百級
統計	八萬零五百級	

（四）每期遞增教員人數表。全省學齡兒童三百二十二萬人，分八萬零五百班，教員二人，共需十六萬一千，現將應需教員分期列左：

期限	每期應需教員數	每期遞增教員數
一	三萬二千二百人	三萬二千二百人
二	同上	六萬四千四百人
三	同上	九萬六千六百人
四	同上	十二萬八千八百人
五	同上	十六萬一千人
統計	十六萬一千人	

（四）財政委員會呈據湖北煙酒事務局呈因災禁止蒸熬
擬具民食國稅兼顧辦法請鑒核案（主席提交）

提案理由

據財政委員會呈據湖北煙酒事務局呈為各縣災荒所有穀
米雜糧一律禁止蒸熬一案，屬局職掌所在，為民食國稅
統籌兼顧計，擬具因災禁釀辦法數端：（一）因災禁釀
以水旱蟲災為限；（一）報災地方以先經省政府勘定災
情蠲免田賦之縣為限；（一）禁釀不得率以全縣為請，
應以各該縣災區為限；（一）禁釀以穀米為限，其雜糧
釀不在禁釀之列；（一）禁釀以每年青黃不接月分為
限，秋收後不得請禁；（一）呈請禁釀以一個月為限，
如需續禁仍應呈請展限；（一）禁釀之案應由各該縣縣
長會同煙酒事務分局長呈報省政府民政廳暨屬局各主管
機關核准方能施行，續禁亦然。如各該縣長不經呈准擅
自發布禁釀命令，依屬局呈准縣警協徵簡章第四條處分
之；（一）釀酒縣分煙酒分局對於民間或市面發見未稅
之酒照常徵稅，各該縣署應同負嚴查私釀責任；（一）
各煙酒分局長有考查地方農商情況有無禁釀之必要，得
向縣公署提出意見之職權。意見參差時得通呈上級主管
機關核轉，並得由屬局委員復查決定之。以上各條簡易
可行，請轉呈政治分會轉令查照施行等情。據此查該局
所擬因災禁釀辦法係為民食國稅並顧兼籌，似屬可行，
理合據情呈請鑒核示遵等情到會。應如何辦理之處，敬
候公決。

原呈附後

呈為轉請鑒核事。案據湖北煙酒事務局呈稱呈為陳明鄂
省災荒臨時禁釀免稅成案暨其利害關係，擬具兼顧辦法
懇祈迅賜核轉施行事。竊查屬局前因當陽縣局呈報旱荒
請禁蒸熬一案業經查照成案，審查情形當以八月份秋收
未畢，准禁穀米釀酒一個月以維民食，其雜糧非民食正
糧，不在禁釀之列指令遵辦，並經呈報鈞會核准函達湖
北民政廳轉行在案。昨見九月八日漢口中山日報載有中
央政治會議武漢分會第二十八次常會提議湖北民政廳為
各縣災荒所有穀米雜糧一律禁止蒸熬一案，議決令湖
北省政府令知民政廳一律禁止等因，其於民食國稅如何
兼顧，諒有精密之提議，屬局未奉行知，無從詳悉，惟
權酤禁釀密切相關，職掌所在，不容緘默，謹為鈞會縷
晰陳之。伏維民食為民生之本，民生為國計之原，張弛
貴適其宜，利害當權其要，煙酒固屬奢侈消耗物品，就
寓禁於徵而言，原不必提倡出產，矧值荒年，尤應惜穀
糖為民食之一種，尚且禁熬，何論蒸酒。然就民生實際
而言，各縣情形不一，需要不同，儘有僅出農產之地，
雖值災荒，仍虞穀賤傷農者；有僅恃產酒吸收現金之
地，一經禁釀，農商交困，金融停滯，影響百業者；有
土酒產量減少，洋酒從而輸入者，足見禁釀一事未宜一
律施行。更就屬局主管而言，鄂省煙酒稅收年定比額洋
一百五十萬以上，煙酒兩稅收入以酒類為多，酒類之中
又以本產本銷占大多數。其非交通區域，全縣稅收純恃

土酒，稅源衰旺幾視土酒產銷為消長，貿然一律禁釀，國稅損失未免太鉅，其專徵酒稅分局將因禁釀而成虛設。再就徵收積弊而言，溯查煙酒稅務包辦時期，包商為圖減包額計，藉口災荒呈報，免徵積習相沿，著為成案，雖廢包改委，而各分局長或因淡月規避考成，或與奸商勾結舞弊，矇呈請免暗地減徵。尤以近年因軍事未設分局之地，甫經屬局派員收回，改局啟徵，酒商百計抗撓，竟於秋收之際藉口災荒冀免酒稅，其用意實在使分局毫無收入天然撤銷，以遂其規避國稅之計。地方官瞻徇寅僚，見好商戶，相率以報災禁釀維持民食為辭，災案之多，厥由於此。誠欲實惠及民，考核宜求周密，屬局為民食國稅統籌兼顧計，擬具因災禁釀辦法數端：（一）因災禁釀以水旱蟲災為限；（一）報災地方以先經省政府勘定災情蠲免田賦之縣為限；（一）禁釀不得率以全縣為請，應以各該縣災區為限；（一）禁釀以穀米為限，其雜糧釀酒不在禁釀之列；（一）禁釀以每年青黃不接月份為限，秋收後不得請禁；（一）呈請禁釀以一個月為限，如需續禁仍應呈請展限；（一）禁釀之案應由各該縣縣長會同煙酒事務局長呈報省政府民政廳暨屬局各主管機關核准，方能施行，續禁亦然。如各該縣長不經呈准擅自發布禁釀命令，依屬局呈准縣警協徵簡章第四條處分之；（一）禁釀縣份煙酒分局對於民間或市面發見未稅之酒照常徵稅，各該縣署應同負嚴查私釀責任；（一）各煙酒分局長有考察地方農商情況有無

禁釀之必要，得向縣長公署提出意見之職權。意見參差
時得通呈上級主管機關核辦，並得由屬局委員復查決定
之。以上各條簡易可行，如蒙核准，實於民食國稅兩有
裨益，理合備文呈請鈞會賜鑒核轉呈武漢政治分會轉達
湖北省政府民政廳查照施行等情。據此查該局所擬因災
禁釀辦法係為民食國稅並顧兼籌起見，似屬可行，除指
令外，理合據情呈請鈞會鑒核示遵，實為公便。謹呈中
央政治會議武漢分會主席李。中央政治會議武漢分會財
政委員會主任委員白志鵁。

議決案

日　　期　十七年九月二十五日（星期二）下午一時
地　　點　本會
出席委員　張知本　胡宗鐸　張華輔
請假委員　白崇禧　魯滌平　劉嶽峙　陳紹寬　李隆建
　　　　　嚴　重
主　　席　李宗仁因事赴滬，臨時公推張知本代主席
秘書長　　翁敬棠
紀　　錄　李載民　林眾可

主席恭讀總理遺囑，宣告開會。
秘書長報告處理事務並執行第三十二次常會議決各案經過。

討論議事日程

（一）擬訂兩湖懲治貪官污吏暫行條例草案案（主席提出）

議決：修正通過，呈請中央政治會議追認。

（二）湖北省政府呈請將湖北硝磺局仍由本省直接監督乞鑒核案（主席提出）

議決：暫行照舊辦理。

（三）湖北省政府呈據教育廳呈全省教育行政會議議決本會交議各案經大會依案議決檢同原議決案轉呈示遵案（主席提出）

議決：交湖北省政府轉飭教育廳依照原案切實辦理。

（四）財政委員會呈據湖北煙酒事務局呈因災禁止蒸熬擬具民食國稅兼顧辦法請鑒核案（主席提出）

議決：交湖北省政府民政廳核議具復。

比較重要文件報告

武漢政治分會秘書處逐日處理文書情形，除尋常事件已列入本會逐日辦事情形表外，茲將處理比較重要文書經過分類列舉報告如左：

（甲）關於財政者計七件

（一）財政部函復湖北全省商聯會呈請手工國貨完全免稅一案候統籌辦理由

轉知商聯會，並連前案令知財委會。

（二）湖北省政府呈據財廳呈復籌撥兩湖廣播無線電台經費困難情形由

指令一俟財力稍裕即應儘先籌撥，以重建築。

（三）武漢圖書編印館籌備主任麥煥章本會秘書處馮子恭會呈請飭財委會速撥贖回印報捲筒機欠款以資結束由

轉財委會核辦。

（四）武昌總商會呈湖北印花稅總分局拒絕會查印花懇飭會同檢查由

交財委會。

（五）湖北省政府呈復遵令將湖北審計委員會條例暨湖北政府暫行審計條例各檢一份寄湘由

指令呈悉。

（六）湖南濱湖各縣湖田代表請願團呈懇飭廢除湖田清理短弓加賦及澈查收支款項由

令湖南省政府查明核辦具復。

（七）財政委員會送到該會第十三次常會紀錄由

存。

（乙）關於軍政者計一件

（一）湖南全省清鄉督辦公署呈遵令再飭各區總指揮官遵期剿辦共匪由

指令嘉勉。

（丙）關於建設者計五件

（一）湖北省政府呈據建設廳呈復第四集團軍總部冊送四十四軍官佐已分別派遣工作由

覆第四集團軍總司令部。

（二）交通部函覆漢口市黨部發電應與省黨部一律待遇經飭漢局遵辦由

轉函市黨部指委會。

（三）湖北電政管理局呈漢口宜昌兩局分別購裝無線電機乞鑒核由

指令嘉勉。

（四）第四集團軍總司令部函復維持電政納費辦法自十月一日起凡屬官軍電報每通每次繳材料費一元餘仍照交部規定暫予記賬由

轉令湖北電政管理局。

（五）萍礦礦長凌善永電贊成株萍路歸併湘鄂路懇咨交通部令速交接由

轉函交通部。

（丁）關於教育者計一件

（一）中央政治會議秘書處電復議決任命張炯為湖南教育廳長由

轉電湖南省政府。

（戊）關於實業者計一件

（一）湖北省政府呈奉令查明開明公司工人滋擾一案已和平處理完結由

指令呈悉。

（己）關於雜件者計三件

（一）漢平鐵路局呈奉令飭還萍礦煤價案俟交通部核准當按期攤還由

轉令知照。

（二）白總指揮皓電直魯殘敵幸能肅清承獎電謝由

存。

（三）湖北省政府送到該府第四十四、四十五兩次會

議議事錄由

存。

第三十四次常會

議事日程——十七年十月二日（星期二）下午一時開議

（一）擬令兩湖省政府迅飭被災各縣呈報詳情一面電請
中央賑務處撥給賑款以資救濟案（主席提出）

（二）建築貧民住所案（主席提出）

（三）國立武漢大學校長呈為救濟前武昌中大失學學生
變通辦法增設本科祈核示案（主席提出）

（四）國立武漢大學校長遵令擬定前國立武昌中大醫科
學生轉學津貼辦法祈核示案（主席提出）

臨時動議

（一）擬建議中央明定以九二三日為本黨完成北伐紀念
日案（主席動議）

（二）請照本會財委會議決劃分湖南國省兩稅徵收原案
將整頓增加之國稅撥充湖南安輯退伍軍人及流亡
難民之生產資本經費以資建設而弭共禍案（劉委
員嶽峙動議）

（三）請於中央對財政收支尚未實行統一計畫支配時期
暫行規定兩湖徵收國省兩稅總額以若干份作軍事
經費若干份作行政經費若干份作建設經費俾政治
得日趨於建設方面財政得不偏重為軍事之需案
（劉委員嶽峙動議）

（四）請咨四集團軍總司令部顧念湖南地方稅收入不敷出
庶政莫舉免編省防清鄉軍隊案（劉委員嶽峙動議）

（五）請暫以湖南禁煙收入撥充湖南黨費案（劉委員嶽峙動議）

提案理由並附件

（一）擬令兩湖省政府迅飭被災各縣呈報詳情一面電請中央賑務處撥給賑款以資救濟案（主席提出）

提案理由

查本年鄂西、湘西半載不雨，秋稻無收，鄂北、湘南迭被匪軍蹂躪，農事失時，省會附近各縣亦遭蟲害，流亡遍野，轉瞬隆冬，凍餒載道，慘狀難名。茲為預籌救濟起見，擬令兩湖省政府迅即轉飭被災各縣將境內災情詳具圖照冊呈報，一面派員履勘情形，一面電達內政部賑務處於支配全國賑款及附加捐時平均分配用惠災黎，並從速籌劃工賑辦法轉飭各縣施行。是否有當，即請公決。

（二）建築貧民住所案（主席提出）

提案理由

本黨建國首要在乎民生，必要條件曰衣食住行，當此訓政開始，自應逐漸籌謀。查吾國戶口號為殷繁，貧者實在居極大多數，於此四端固無一可稱滿足，尤以住所為最。就武漢而論，房租奇昂，貧民無力賃居，乃就空地自建棚屋，糞穢盈前，易釀癘疫，而建築簡單，常招火患，尤不免影響於社會之安全。如日前漢上棚戶失慎，致延燒商民房屋二千餘戶，貧民失居者不下萬人萬人，

為狀至慘，際此秋氣已深，轉屆嚴冬，若聽其流離，痛苦何堪，設想推此以言，貧民住屋之建設實不容緩。現為武漢方面籌劃根本救濟辦法，宜速邀集各界鳩集的款，由政府指撥適當公地為屋區，以武昌城磚為屋材，即以被災貧民為工人，期於最短時間築成有秩序、合衛生、無危險性之小形土屋。屋成後先納災民，仍課簿租，以示限制，而以此所獲更謀第二批之建築。如是推行數年以內，可使武漢棚戶絕跡，貧民盡得安居。此外各縣地方應由兩湖省政府通飭各縣斟酌情形，遇有可以撤城地方即行倣照辦理，以實行建國大綱建築各式屋舍以樂民居之計畫。是否有當，敬候公決。

（三）國立武漢大學校長呈為救濟前武昌中大失學學生
　　　變通辦法增設本科祈核示案（主席提出）

提案理由

據代理國立武漢大學校校長劉樹杞呈略稱奉令核擬救濟前武昌中山大學學生辦法，遵即交由校務會議通過，擬暫增設本科一、二年級，計文學院設中國文學系、外國文學系，社會科學院設政治經濟學系，理工學院設算學系、化學系，收容前中大本科各生，並分別舉行甄別試驗。除呈報大學院外，理合呈請鈞會核准遵行等情到會。應如何辦理之處，敬候公決。

附代理國立武漢大學校長原呈一件

呈為救濟前武昌中山大學失學學生變通辦法增設本科仰

祈核示事。案奉鈞會政字第三四六號訓令內開前據武昌
中山大學臨時同學會委員譚正培等呈失學苦況，籲懇維
持學業等情，已令行該校核辦在案。茲復據該生等再呈
前情，除批示外，合即抄錄原呈仰該校迅行核辦具報備
案，此令等因，附鈔原呈一件。奉此竊屬大學原設預科
係遵照大學院院令辦理，業經呈報在案，該生等青年失
學，情殊可憐，前奉鈞會令飭核辦，當經擬變通辦法以
資救濟，惟爾時校務會尚未成立，無從提交議決，以
致遲未呈復。茲復奉令前因，遵即交由校務會議通過，
擬暫增設本科一、二年級，計文學院設中國文學系、外
國文學系，社會科學院設政治經濟學系，理工學院設算
學系、化學系，收容前中山大學本科學生，並分別舉行
甄別試驗。所有變通辦法增設本科緣由，除呈報大學院
外，理合備文呈報鈞會核准遵行。謹呈中央政治會議武
漢分會。代理國立武漢大學校長劉樹杞。

（四）國立武漢大學校長呈遵令擬定前國立武昌中大醫科學生轉學津貼辦法祈核示案（主席提出）

提案理由

據代理國立武漢大學校長劉樹杞呈略稱前國立武昌中山
大學醫科學生以失學呈請救濟，奉令轉送上海同濟大學
醫科或其他相當醫校錄取入學，按名酌給津貼並轉飭知
照等因。奉此現經擬定該生等考入同濟大學醫本科者，
每名年給津貼洋四百元，預料年給洋三百元，考入其

他國立大學醫本科者，每名年給洋三百元，預科年給洋二百元，產科學生考入各相當醫校產科者，每名年給洋二百元，以能考入各該校肄業後，始按名分期撥給津貼，將來如有留級情事，津貼即行停發等情到會。應如何辦理之處，敬候公決。

附代理國立武漢大學校長原呈一件

呈為遵令酌擬前國立武昌中山大學醫科學生轉學津貼數目仰祈核示事。竊前國立武昌中山大學醫科生以失學呈請救濟一節，業經據情轉呈在案，旋奉鈞會政字第二五二號令據呈已悉業經提交本會第十八次常會議決應由該大學呈請大學院將前中大醫科生轉送上海同濟大學醫科或其他相當醫校，俟錄取入學後由該大學按名酌給津貼，以遂該生等向學之心，合即令仰遵照辦理並轉飭該生等知照，此令等因。奉此遵即將該生等轉學辦法呈請大學院分令同濟大學及其他相當醫校一律收編，並向該生等宣示鈞會體恤優待之至意。至轉學津貼數目，經屬大學校務會議第一次會議議決，擬該生等考入同濟大學醫本科者，每名年給津貼洋四百元；考入其他國立大學醫本科者，每名年給津貼洋三百元；考入同濟醫預科者，每名年給津貼洋三百元；考入其他國立大學醫預科者，每名年給洋二百元；產科學生考入各相當醫校產科者，每名年給津貼洋二百元。查該生等原有名額計本科五十三名，預科七十五名，產科十八名，以能考入各該校肄業後，始由屬大學按名分期撥給津貼，將來如有留級情事，本人津貼即行停發。是否有當，

理合備文呈請鈞會核示祇遵。謹呈中央政治會議武漢分會。代理國立武漢大學校長劉樹杞。

臨時動議

（一）擬建議中央明定以九二三日為本黨完成北伐紀念日案（主席動議）

動議理由

按此次我軍肅清直魯殘敵，於本年九月二十三日完成，平津民眾團體發起定九二三日為紀念日，在革命史上實具無上價值。本會應聯合第四集團軍、兩湖省政府、兩湖省市黨部及民眾團體，通電各方舉行慶祝，並建議中央明令公布以九二三日為本黨完成北伐紀念日，表示國內不再用兵，從事建設之意，亦足以與法美等國之七四、七一四革命成功紀念日相輝映也。是否有當，敬請公決。

議決案

日　　期　十七年十月二日（星期二）下午一時

地　　點　本會

出席委員　張知本　胡宗鐸　張華輔　嚴　重　劉嶽崎

請假委員　白崇禧　魯滌平　陳紹寬　李隆建

列　席　人　財政委員會委員曾天宇

主　　席　李宗仁因事赴京，臨時公推張知本代主席

秘　書　長　翁敬棠

紀　　錄　李載民　林眾可

主席恭讀總理遺囑，宣告開會。

秘書長報告處理事務並執行第三十三次常會議決各案經過。

討論議事日程

（一）擬令兩湖省政府迅飭被災各縣呈報詳情一面電請
　　　中央賑務處撥給賑款以資救濟案（主席提出）

議決：照辦。

（二）建築貧民住所案（主席提出）

議決：（甲）關於武漢市貧民住所，令武漢市公安局籌
　　　　　　畫辦理。

　　　　（乙）關於改良各縣鎮民居，交兩湖省政府籌畫
　　　　辦理。

（三）國立武漢大學校長呈為救濟前武昌中大失學學生
　　　變通辦法增設本科祈核示案（主席提出）

議決：應由該大學嚴行甄別試驗。

（四）國立武漢大學校長呈遵令擬定前國立武昌中大醫
　　　科學生轉學津貼辦法祈核示案（主席提出）

議決：准予備案。

臨時動議

（一）擬建議中央明定以九二三日為本黨完成北伐紀念

日案（主席動議）

議決：（甲）由本會聯合第四集團軍向中央建議。

（乙）由本會秘書處分函兩湖省政府、兩湖省市黨

部及民眾團體請一致贊同，分向中央建議。

（二）保留

（三）保留

（四）請咨四集團軍總司令部顧念湖南地方稅收入不敷出

庶政莫舉免編省防清鄉軍隊案（劉委員嶽峙動議）

議決：轉請第四集團軍總司令部核辦。

（五）請從中央稅收項下撥充黨費案（劉委員嶽峙動議）

議決：通過交財政委員會查照辦理。

〔議事日程第三案

長沙總商會電請明令准許商人裝運現金赴湘不示限制以資

維持案（主席提出）

議決：電復裝運現金赴湘並無明文限制。〕

〔臨時動議第二案

湖南全省清鄉都辦公署呈據常德縣呈在押共犯羅鈞舉發共

黨多有現任軍政要職如何處理防範請核示案（主席提出）

議決：分別呈請中央黨部，並分令軍政機關嚴為防範。

（以上兩案不公布，務希注意）〕

比較重要文件報告

武漢政治分會秘書處逐日處理文書情形，除尋常事件已列入本會逐日辦事情形表外，茲將處理比較重要文書經過分類列舉報告如左：

（甲）關於民政者計二件

（一）馮總司令電為南陽荒歉據情轉請鄂政府收回禁運米糧出境辦法由

轉湖北省政府並覆。

（二）應山縣匪災善後委員會代電該縣待賑公推代表晉省乞賑由

代電復設法籌賑。

（乙）關於財政者計九件

（一）財政部代電據情轉請照案於兩湖特稅附加一成賑濟湘災由

交財委會。

（二）財政委員會呈奉令審核湘省政府呈前湘鄂政委會所屬湖南各機關十七年二月至五月收支清冊及前湖南李財廳長呈十七年六月份收支清冊兩案錯誤各點請飭更正由

轉令更正，並指令。

（三）湖南省政府呈遵將新定釐章交財政整委會會同財廳修改由

交財委會。

（四）湖南省政府呈復萍礦請借十萬元以資救濟案因

財政困難無從撥借由

轉令知照。

（五）湖南教育會執行委員會呈湘鹽稅附加被提懇飭發還由

交財委會。

（六）湖南省指委會電為湘鹽附加教育經費歸中央作為軍費案請恢復原案由

交財委會。

（七）漢口錢業公會呈請將決定收回中央中交三行漢鈔庫券提前實行由

交財委會。

（八）漢口總商會呈據湘潭鐵業代表呈厘率加重懇令湘省政府照舊率核減由

交財委會。

（九）財政委員會秘書處送到本會交辦文件周報表第十六七八號由

存。

（丙）關於軍政者計三件

（一）湖南全省清鄉督辦公署呈賫湖南紡紗廠共黨姓名及組織情形並剿除計劃報告乞轉中央黨部並通緝防範由

轉行呈咨並通令。

（二）第四集團軍總司令部函復請飭襄樊駐軍停止重徵捲煙稅一案令清鄉督辦轉行襄陽行署遵轉由

交財委會。

（三）來宣咸龍四縣公民代表代電黔軍在該四縣騷擾情形請速調開由

函第四集團軍總司令部核辦。

（丁）關於建設者計二件

（一）湖北省政府呈復建廳並無成立測量學校情事由

函復第四集團軍總司令部。

（二）湘鄂鐵路局呈擬具歸併株萍路簡明辦法請核示由

指令仍與部派員商酌辦理。

（戊）關於教育者計二件

（一）武漢大學校長呈依據該校組織大綱規定組織臨時校務會議請備案由

指令備案。

（二）湖北各縣教育局代表呈請照劃定學區將武漢各小學發還武昌夏口縣自辦騰出省款增加區中學經費並多辦師範乞交省政府會議由

令湖北省政府核辦並批。

（己）關於雜件者計三件

（一）福建省政府主席及各委員電達九月二十日在省府宣誓就職由

電賀。

（二）湖北省政府送到該府第四十六次會議議事錄由

存。

（三）湖南省政府委員會送到該會第三十三次常會紀錄由

存。

第三十五次常會

議事日程——十七年十月五日（星期五）下午一時開議

（一）擬設完成粵漢鐵路籌備處案（主席提出）

（二）湖北交涉署呈覆准江漢關監督轉准稅務司對於江漢河口內地稅局請求特許該局在海關稅權未收回及國定稅率未定前有權驗貨估價一案聲述情形請核示案（主席提出）

（三）湖北省政府呈縣長考試委員會典試監試規程請鑒核案（主席提出）

提案理由並附件

（一）擬設完成粵漢鐵路籌備處案（主席提出）

提案理由

查完成粵漢鐵路一案曾於本會第三次常會議決俟與各方接洽後，即先行設立籌備處俾促進行等因。旋全國交通會議開會時由本會提出議案，派漢平鐵路局長黃士謙代表列席，經會議通過在案。查此路完成計畫雖各方迭有提議，迄未從事實行，而該路關係南北交通甚鉅，又屬未容或緩。茲擬根據前此議決辦法，由本會發起在武漢設立籌備處，函請交通部暨粵鄂湘省政府派員參加組織，所有籌集基金暨一切計畫均責成該處討論進行，俾全路完成得早實現。是否有當，敬候公決。

（二）湖北交涉署呈復准江漢關監督轉准稅務司對於江漢
河口內地稅局請求特許該局在海關稅權未收回及國
定稅率未定前有權驗貨估價一案聲述情形請核示案
（主席提出）

提案理由

查江漢口內地稅局局長譚平呈為海關驗貨估價權操外
人，影響國計民生至大，請在海關稅權未收回及國定稅
率未頒布前，特許該局有權驗貨估價以挽國權一案，曾
經本會第十八次常會議決交財政委員會會同湖北交涉員
查明辦理。當經分別令行去後，旋據該會該署先後呈
復，略稱查海關向受關署之監督，似應由關署辦理，業
經分別令行函轉該監督署遵照辦理等情並指令在案。茲
復據湖北交涉員呈稱准江漢關監督署轉准稅務司復稱查
該局對於驗貨、估價各手續及本口貿易情形大都不甚了
了，關於驗貨匿貴報賤一節係屬不明事實之談，關於洋
貨入口任意低減稅率，國貨出口則故抬高稅率以期不易
推銷一節，土貨貿易匪特未減，且逐漸加增。海關土貨
稅率規定本極低微，載入稅則各貨比較估本徵稅值百抽
一五至值百抽三，未經載入稅則者係照估本徵稅，亦不
過值百抽五，且對未載入稅則各貨物絕不能隨意定價，
須詳加考查，再與他口海關換驗貨單，方可估價。至洋
貨入口未載稅則須照估本完稅時，或按照批發市價或合
同所訂價目，亦有按包括保險費之貨價單或出售貨物之
價格單飭令完稅。有懷疑不能定價者，則函轉上海估驗

處詢問。海關於估價一事雇有專門人才負責，至於驗貨手續雇用驗貨人員甚多以備遣派，各岸、各行商私有之貨棧查驗貨物，遇雜貨於必要時應全數查驗，或係同樣貨物按數之多寡隨意抽出數十件或數件以備查驗。該局長擬請派員會同海關驗估一節，殆未計及驗貨繁雜及雇用專門人才所經過之手續與費用耳，亟應函請代為轉復過署，理合具文呈請鈞會核奪等情到會。應如何辦理之處，敬候公決。

附湖北交涉署原呈一件

附湖北交涉員原呈

為呈請事。竊查漢口內地稅局請在海關稅權未收回及國定稅率未頒布前，特許該局有權驗貨估價一案，前經職署遵令轉函江漢關監督署並先呈復鑒核在案。茲准江漢關監督署轉准稅務司覃書復稱查該局平日對海關驗貨估價各手續及本口貿易情形大都不甚了了，殊不知海關為中國收稅機關，聘用外國員司僅處於客卿地位，數十年來中國債務得以維繫債權各國信用者，雖不全恃海關，而得力於海關者實居多數，關章嚴密，辦法井然，成效昭彰，從未受人指責，其辦事各洋員向皆竭其忠誠，一秉大公，毫無偏袒。今該局長謂海關驗貨員徇情故縱，凡貨物裝載成細者內容未加詳察，一任奸商匿貴報賤，減納稅銀，此事習為故常，以致稅收損失無算等語，此係不明事實之談。又謂估價一層，海關對於洋貨入口則任意低減稅率，國貨運銷國外則故抬高稅率，以期不易

推銷等語，彼殆於本關歷年編造貿易統計表未曾注意，如果詳細查閱即知土貨貿易匪特未見減少，並且逐漸加增，安得謂海關對於土貨出口貿易可以任便摧殘乎。至於年來土貨貿易不能大旺之故，蓋由內地不靖，土匪充斥，交通梗阻，釐稅加重，諸端有以致之。海關土貨稅率規定本極低微，凡已經載入稅則各貨物若比照估本徵稅，不過由值百抽一五至值百抽三，其未經載入稅則者係照估本徵稅，亦不過值百抽五，可見土貨稅率對於出口貿易並無妨礙之可言。且本關遇有未經載入稅則各貨物，絕不能操切從事隨意定價，必須詳加考查，再與他口海關換驗價單，方可估定價格，該項價單係按行市漲落，隨時修改。至洋貨入口遇有名色未載稅則須照估本完稅時，則必出以精確手續估驗之，既經驗妥後，其按估值完稅辦法殊不一致。有按照批發市價或妥實合同所訂價目者，亦有按包括保險費之貨價單或按各行商出售貨物之價格單而飭令完稅者，此外如有懷疑不聽定價情事，則函致上海估驗處詢問。況海關對於估價一事雇有熟習情形之專門人才負責管理，至於驗貨手續查察不厭其詳，所以雇用驗貨人員甚多，以備遣派。在各岸、各行商私有之貨棧查驗貨物，因各國稅關均自行備有貨棧，而中國多數口岸之海關無此建築，未免稍形缺點。他若貨物報關，如係雜貨，當必要時應須全數查驗，或係同樣貨物可由關員按貨物多寡隨意抽出數十件或數件以備查驗，亦屬恆有之事。該局長擬請派員會同海關驗

估一節，彼殆未計及驗貨繁雜及雇用專門人才所經過之
手續與費用耳，亟應函請查照代為轉復等由函復過署。
究應如何辦理之處，理合具文呈祈鈞會鑒察俯賜核奪並
乞指令祇遵，實為公便。謹呈中央政治會議武漢分會。
外交部特派湖北交涉員甘介侯。

（三）湖北省政府呈縣長考試委員會典試監試規程請鑒核案（主席提出）

提案理由

據湖北省政府呈賚縣長考試委員會典試監試規程各一份
請鑒核前來，應如何辦理之處，敬請公決。

附原呈及規程二份

呈為呈請事。案查屬府第四十八次政務會議審查報告第
二案時，委員等報告審查縣長考試委員會典試監試規程
案，當經決議照審查案通過，理合錄案並檢同規程一份
呈請鈞會鑒核備案。謹呈武漢政治分會。湖北省政府主
席張知本。附規程二份。

湖北省政府縣長考試委員會典試規程

第一條　關於縣長考試委員會典試之職權及程序依照本
　　　　規程辦理。

第二條　典試委員會會議由典試委員長召集，其會議細
　　　　則另定之。

第三條　每場試題委員長於入場前三時擬就，會同監試
　　　　委員決定後，在秘書室監視發印。

第四條　各門試卷由典試委員長同監試委員用抽簽法分
　　　　配，典試委員評閱蓋章。典試委員用硃筆，襄
　　　　校委員用藍筆。

第五條　典試委員所擬定試卷及口試之分數應加蓋名章。

第六條　典試委員所評閱之試卷由委員長召集各員開會
　　　　覆閱時，得以過半數之同意增減之。

第七條　每場平均分數以六十分為及格，若平均分數雖及
　　　　六十分而黨義口試各不滿六十分者以不及格論。
　　　　身體經醫生檢查認為體格衰弱不能勝任職務
　　　　者，亦以不及格者論。

第八條　典試委員每場自考試前一日起至每次揭曉日
　　　　止，須常川駐會，不得外出及會客通信。
　　　　閱卷室辦事人員適用前項之規定。

第九條　本規程由省政府議決呈請政治分會備案施行。

湖北省政府縣長考試委員會監試規程

第一條　關於縣長考試委員會組織條例監試之職權及程
　　　　序依照本規程辦理。

第二條　監試委員應輪流常川駐會執行一切監察事宜。

第三條　關於試場監察事宜得由考試委員會函請民政
　　　　廳、教育廳、財政廳、建設廳各派三人，高等
　　　　法院派二人為監試員蒞場執行之。

第四條　□試委員長及監試委員之職權如左：
　　　　一、監視彌封試卷並保管彌封底冊
　　　　二、指揮警衛隊

三、監視試題之印發

四、維持試場秩序

五、關於應試人違反場規之檢舉

六、關於考試弊端之檢舉

七、監視拆對彌封

八、監視計算分數

九、參加口試

十、分配各場監試員而督察之

十一、監視身體之檢查

第五條　監試員之職權如左：

一、搜檢夾帶

二、核對坐位及相片

三、監察應試人之言動

四、防止傳遞

五、管理蓋戳

六、收封試卷

第六條　監試委員如發現考試弊端時應即糾正，同時並通知省政府核辦。

第七條　監試員於試場發現應試人違反場規時，報由監試委員長處理之。

第八條　每場試卷由監試員彙齊封交典試委員長。

第九條　考試事務處職員應在試場幫同照料，並須受監試委員之指揮監察。

第十條　考試委員會認為必要時，得添調本府秘書處或

其他機關職員分任監察事務。

第十一條　本規程由省政府議決呈請政治分會備案施行。

議決案

日　　期　十七年十月五日（星期五）下午一時

地　　點　本會

出席委員　張知本　胡宗鐸　張華輔

請假委員　白崇禧　魯滌平　陳紹寬　李隆建　劉嶽峙
　　　　　嚴　重

主　　席　李宗仁因事赴京，臨時公推張知本代主席

秘書長　翁敬棠

紀　　錄　李載民　林眾可

主席恭讀總理遺囑，宣告開會。

秘書長報告處理事務並執行第三十四次常會議決各案經過。

討論議事日程

（一）擬設立完成粵漢鐵路籌備處案（主席提出）

議決：電交通部、廣州政治分會暨粵湘鄂各省協商組織
　　　籌備處。

（二）湖北交涉署呈准江漢關監督署轉准稅務司對於江漢
　　　河口內地稅局請求特許該局在海關稅權未收回及國
　　　定稅率未定前有權驗貨估價一案聲述情形請核示案
　　　（主席提出）

議決：交財政委員會轉知江漢口內地稅局核辦。

（三）湖北省政府呈縣長考試委員會典試監試規程請鑒核案（主席提出）

議決：准予備案。

比較重要文件報告

武漢政治分會秘書處逐日處理文書情形，除尋常事件已列入本會逐日辦事情形表外，茲將處理比較重要文書經過分類列舉報告如左：

（甲）關於財政者計八件

（一）國民政府電據財部擬定由各省區徵收鹽稅按成攤還關稅抵押各債款辦法於本年十月一日實行由

交財委會。

（二）湖南省政府魯主席等電懇仍將湘省鹽稅附加作為路股照舊徵收由

交財委會。

（三）漢口總商會呈據情轉請飭江漢關取消洋貨復進口稅由

交財委會。

（四）湘岸榷運局電報載該局七月份欠繳鹽稅查係財廳負責蓋章不許更正之件請派員會查由

交財委會。

（五）旅滬商幫協會代電請令湘政府廢除新定厘率由

交財委會。

（六）松滋旱災救濟委員會呈該區煙酒局長黃毓文創
徵窩捐請停徵雜稅撤回稅吏由

交財委會。

（七）財政委員會送到該會第十四次常會紀錄由

存。

（八）財政委員會秘書處送到本會交辦文件周報表由

存。

（乙）關於建設者計二件

（一）武漢電話局呈電纜被焚援案購辦濟急乞備案由

轉湖北建設廳查核，並先准備案。

（二）長沙籌備利濟水電公司創辦人呈籌辦水電擬具
簡章計劃書由

令湖南省政府查核具覆。

（丙）關於軍政者計一件

（一）湖南全省清鄉督辦公署呈處決首要共犯曾鴻斌
等三名除陳該犯等犯罪事實乞備案

指令呈悉。

（丁）關於實業者計二件

（一）農礦部函復辦理保安儲煤公司籌備處一案經過
情形由

已由部分函兩省政府，本件存查。

（二）湖南建設廳呈報創辦湖南官紙印刷局情形檢同
各機關購用官紙條例乞備案再懇令湘省中央直轄機關
一體遵用由

通令湘省中央直轄各機關，並指令備案。

（戊）關於雜件者計五件

（一）白總指揮電謝賀捷並申欽佩建議中央定九二三為紀念日由

存。

（二）湖北省政府送到該府第四十七次會議議事錄由

存。

（三）湖北省政府送到該府第四十八次會議議事錄由

存。

（四）湖南省政府委員會送到該會第三十四次會議紀錄由

存。

（五）湖南省政府委員會送到該會第三十五次會議紀錄由

存。

第三十六次常會

議事日程——十七年十月十二日（星期五）下午一時開議

（一）湖北省政府呈送縣長考試委員會組織條例並呈請
　　　特派典試委員長請核示案（主席提出）

（二）湖北隄工經費保管委員會呈請從應發湘省軍費項
　　　下扣還挪借之清鄉經費並呈長岳口內地稅局附徵
　　　隄工經費數目清冊乞核示案（主席提出）

（三）國立武漢大學校長資呈變更十七年度預算書及九
　　　月份支付預算書乞令財政委員會照案發給請核示
　　　由案（主席提出）

臨時動議

（一）湖北省政府呈據湖北縣長考試事務處報告報考縣
　　　長人數過多擬請添設副典試委員長暨副監試委員
　　　長各一員以期嚴密而昭慎重請鑒核案（主席動議）

（二）財政委員會呈覆審核購回印報捲筒機欠賬單情形
　　　請鑒核案（主席動議）

提案理由並附件

（一）湖北省政府呈送縣長考試委員會組織條例並呈請
　　　特派典試委員長請核示案（主席提出）

提案理由

據湖北省政府呈稱本府此次舉行縣長考試，關於考試委員
會組織條例暨典試監試各規程均經本府政務會議先後議決

通過，理合各檢一份備文呈請鈞會鑒核。又據該府呈稱籌備縣長考試業經就緒，除典試委員臨時遴員呈請派充外，理合呈請鈞會特派典試委員長一員，派委監試委員一員，俾便早日成立考試委員會以重試典各等情前來。查縣長考試委員會典試監試各規程經本會第三十五次常會議決在案，茲以縣長考試委員會組織條例暨請特派典試委員長、監試委員呈請到會，應如何辦理之處，敬候公決。

附原呈二件

縣長考試委員會組織條例

抄省政府原呈一

呈為呈送縣長考試委員會組織條例暨典試監試各規程，仰祈鑒核備案事。竊本府此次舉行縣長考試委員會組織條例暨典試監試各規程，均經本府政務會議先後議決通過，理合各檢一份備文呈請鈞會俯賜鑒核備案。謹呈中央政治會議武漢分會。計呈湖北省政府縣長考試委員會組織條例暨典試監試規程各一份。湖北省政府主席張知本。

抄省政府原呈二

呈為籌備縣長考試業經就緒，仰祈分別簡派典試委員長暨監試委員以重試典事。竊查本府派員籌備縣長考試事宜，前經呈報鈞會鑒核在案。茲查縣長試期轉瞬將屆，除典試委員臨時遴員呈請派充外，理合備文呈請鈞會於本年十月十日以前特派典試委員長一員，派監試委員一員，俾便早日成立考試委員會以重試典。謹呈中央政治會議武漢分會。湖北省政府主席張知本。

抄湖北省政府縣長考試委員會組織條例

第一條　考試委員會於舉行考試時設置之。

第二條　考試委員會以左列各員組織之：

一、典試委員長

二、典試委員

三、襄校委員

四、監試委員長

五、監試委員

第三條　典試委員長一人，由省政府呈請武漢政治分會特派。

典試委員由省政府遴員呈請武漢政治分會派充，其員額臨時定之。襄校委員由省政府派充。

第四條　監試委員由省政府呈請武漢政治分會並函省市黨部各派一人充之，即以政治分會所派之委員為委員長。

第五條　典試委員長及委員舉行口試時，如與應試人有親屬關係，須自行聲請迴避。

第六條　考試事竣，應由典試委員將考試各員名冊履歷及考試成績分別呈報省政府及武漢政治分會。

第七條　關於考試籌備及臨期應辦各事宜，另設考試事務處辦理。

第八條　典試監試各員均得酌給津貼。

第九條　本條例自公布之日施行。

（二）湖北隄工經費保管委員會呈請從應發湘省軍費項
　　　下扣還挪借之清鄉經費並呈長岳口內地稅局附徵
　　　隄工經費數目清冊乞核示案（主席提出）

提案理由

據湖北堤工經費保管委員會略呈稱前經湖南省政府因湘
省清鄉經費緊急，暫由長岳口內地稅局堤工附捐內挪借
三萬元應用，曾據聲明以後按月如數歸還，奉鈞會令轉
在案。查長岳口內地稅司所收隄工經費，除職會於九月
分內兩次共收洋三萬七千五百八十九元二角六分，匯費
六十七元八角應俟送到匯水單列收外，實挪解湘省庫及
駐長國稅處共洋二十萬零七千六百三十三元五角七分。
茲謹繕具長岳口內地稅局自二月十五日起十六日開徵至
八月底止附徵堤工收支數目清冊呈請俯賜鑒核，准予照
案如數從應發湘軍費項下扣還，仍乞指令祇遵各等情到
會。應如何辦理之處，敬請公決。

附湖北隄工經費保管委員會原呈一件暨附抄清冊一本

呈為呈請據冊扣除軍費撥還職會仰祈鑒核示遵事。案奉
湖北省政府轉奉鈞會政字第二五四號訓令開前據該省政
府呈為湖南建設廳提撥長岳口內地稅局附徵湖北隄工經
費，請令轉飭遵照原案辦理一案，經先後令行湖南省政
府及建設廳轉飭該局照案撥交湖北隄工經費保管委員
會核收應用，去後旋據湖南建設廳以該附捐徵款業經
內地稅局解作他項用途等情呈覆前來，復經本會指令查
明用途具覆，並令該省政府知照在案。茲復據湖南省政

府呈稱奉令飭將附徵堤捐撥交湖北堤工經費保管委員會
收用一案，因湘省現值劇共時期，清鄉經費萬分緊急，
經職府委員會第二十三次常會議決暫由內地稅局堤附捐
內挪三萬元為清鄉費，俟下月如數歸還。除飭該局遵照
外，呈請鈞會核准轉飭湖北堤工經費保管委員會知照等
情到會，除指令應依期如數歸還以重工款外，合行令
仰該省政府轉飭湖北堤工經費保管委員會知照，此令
等因，奉此合行令仰該會知照，此令。接轉奉鈞會第
三三五號令開為令行事前據湖南省政府建設廳呈復稱長
岳口內地稅局帶徵湖北堤捐經該局解作他項用途等情到
會，經令飭查明該項捐款係撥作何項用途具復，並令行
該省政府轉行堤工經費保管委員會知照在案。茲據該廳
呈復稱奉令後經即茲請屬省財政廳查案見去後復，茲准
函復內地稅局所徵湖北堤工經費經前湘鄂臨時政務委員
會以軍餉浩繁亟待發放，令飭內地稅局繳解湖南省金庫
藉裕軍餉，仍由該局將所解總數隨時呈報漢口政委會，
由應撥湘省軍費項下扣除轉發湖北堤工經費保管委員
會以維水利在案。至解交數目自西征軍入湘起截止六
月底止，共收洋十四萬五千七百八十八元九角八分相應
函復查照等因，准此理合備文呈復伏候察核令遵等情。
據此除指令外合行令仰該省政府轉行隄工經費保管委員
會知照，此令等因，奉此合行令仰該會會知照，此令各
等因。奉此茲查長岳口內地稅局於九月四日解到堤工洋
一萬一千二百九十九元四角六分，二十五日解到二萬

六千三百八十九元，接准函送自二月十六日開徵至八月底止附堤捐收支清冊一本到會。經詳核列解各數，除職會兩次共收到洋三萬七千五百八十九元二角六分，匯費六十七元八角應俟送到匯水單列收外，實挪解湘省庫及駐長國稅處共洋二十萬零七百六百三十二元五角七分。伏查此種挪解經保管處呈奉前湘鄂臨時政務委員會令飭該局將印收就近送由軍委會駐長辦事處扣賬，並將所解總數隨時呈候核撥歸還有案可稽。茲職會復呈奉鈞會飭令依期匯歸還，而該局收支總數亦經送會，自應隨時呈請扣撥，以副明令而維堤務。除復請該局賫呈印收核撥並檢同匯水單送會備查外，理合照繕清冊具文呈請鈞會俯賜察核，准予照案如數從應發湘軍費扣還職會，仍乞指令祗遵，實為公便。謹呈中央政治會議武漢分會主席李。計附呈清冊一本。湖北堤工經費保管委員會委員嚴重、張難先、石瑛。

長岳口內地稅局自二月十五日接事起，十六日開徵，截至八月底止，附徵堤工收支數目繕具清冊，送請鑒核。

計開

一、舊管

　　無

一、新收

　　一、自二月十六日起至月底共收堤捐洋一萬四千四百
　　　　三十二元四角三分

　　一、三月全月份共收堤工洋二萬九千九百零八元五角三分

一、四月全月份共收堤工洋三萬八千九百五十一元
　　三角四分

一、五月全月份共收堤工洋四萬零五百五十三元三角六分

一、六月全月份共收堤工洋二萬一千九百四十三元
　　三角七分

一、七月全月份共收堤工洋二萬四千零六十三元四角七分

一、八月全月份共收堤工洋三萬二千一百九十一元三角
　　八分

以上長沙口共收堤工洋二十萬零二千零四十三元八角八分

一、自三月十一日開徵日起至三十一日止共收堤工洋
　　三千五百五十六元一角三分

一、四月全月份共收堤工洋六千五百三十二元七角八分

一、五月全月份共收堤工洋一萬零五百三十一元七角五分

一、六月全月份共收堤工洋七千五百三十九元六角八分

一、七月全月份共收堤工洋六千一百二十四元三角三分

一、八月全月份共收堤工洋六千三百二十三元八角二分
　　以上岳州口共收堤工洋四萬零六百零八元四角九分

一、自二月二十日開徵日起至三十一日共收堤工洋
　　三百五十二元一角八分

一、三月全月份共收堤工洋五百七十四元零一分

一、四月全月份共收堤工洋五百九十元零六角九分

一、五月全月份共收堤工洋五百三十六元

一、六月全月份共收堤工洋七十五元六角八分

一、七月全月份共收堤工洋二百六十五元六角四分

一、八月全月份共收堤工洋三百四十三元一角

以上株州煤稅處共收堤工洋二千七百三十七元三角

總計共收堤工洋二十四萬五千三百八十九元六角七分

一、開除

一、解湖南省金庫堤工洋二萬元（交十三軍軍部）

一、解湖南省金庫堤工洋二萬元（交十四軍軍部）

一、解湖南省金庫堤工洋四千三百四十元零九角六分

一、解湖南省金庫四月份堤工洋二萬元

一、解湖南省金庫四月份堤工洋一萬八千九百五十一元
　　三角四分

一、解湖南省金庫五月份堤工洋七千五百元

一、解湖南省金庫五月份堤工洋七千三百元

一、解湖南省金庫五月份堤工洋五千一百元

一、解湖南省金庫五月份堤工洋二千元

一、解湖南省金庫五月份堤工洋二千七百元

一、解湖南省金庫五月份堤工洋四千元

一、解湖南省金庫五月份堤工洋三千八百元

一、解湖南省金庫五月份堤工洋三千元

一、解湖南省金庫五月份堤工洋三千一百七十元

一、解湖南省金庫五月份堤工洋八百元

一、解湖南省金庫五月份堤工洋一千一百八十三元三角
　　六分

一、解湖南省金庫六月份堤工洋四千元

一、解湖南省金庫六月份堤工洋二千六百元

一、解湖南省金庫六月份堤工洋二千元

一、解湖南省金庫六月份堤工洋三千元

一、解湖南省金庫六月份堤工洋一千八百元

一、解湖南省金庫六月份堤工洋一千九百元

一、解湖南省金庫六月份堤工洋二千五百元

一、解湖南省金庫六月份堤工洋三千六百元

一、解湖南省金庫六月份堤工洋五百四十三元三角七分

一、解武漢政治分會財委會駐長經收國稅處七月份堤工
洋二千元

一、解武漢政治分會財委會駐長經收國稅處七月份堤工
洋二千元

一、解湖南省金庫七月份堤工洋二萬零零六十三元四角
七分

一、解湖南省金庫八月份堤工洋二千七百八十三元四角

一、解湖北堤工經費保管委員會八月份堤工洋一萬
一千二百九十九元四角六分

一、第一次匯繳貴會堤工款項匯費洋六十七元八角

以上長沙口共解堤工洋一十八萬四千零零三元一角六分

一、解湖南省金庫三月份堤工洋三千五百五十六元一角三分

一、解湖南省金庫四月份堤工洋四千七百七十七元

一、解湖南省金庫四月份堤工洋一千七百六十二元七角八分

一、解湖南省金庫五月份堤工洋四千五百一十元

一、解湖南省金庫五月份堤工洋三千八百五十三元

一、解湖南省金庫五月份堤工洋二千一百六十八元七角五分

一、解湖南省金庫六月份堤工洋一千二百元

一、解湖南省金庫六月份堤工洋三千九百七十元

一、解湖南省金庫六月份堤工洋三百一十七元一角三分

一、解湖南省金庫七月份堤工洋四千八百三十六元

以上岳州口共解堤工洋三萬二千九百四十三元七角九分

一、解湖南省金庫二月份堤工洋三百五十二元一角八分

一、解湖南省金庫三月份堤工洋五百七十四元零一分

一、解湖南省金庫四月份堤工洋五百九十元零六角九分

一、解湖南省金庫五月份堤工洋五百三十六元

以上株州煤稅處共解堤工洋二千零五十二元八角八分

總計共解堤工洋二十一萬八千九百九十九元八角三分

一、實在

一、長沙口存堤工洋一萬八千零四十元零七角二分

一、長岳口存堤工洋七千六百六十四元七角

一、株州煤稅處存堤工洋六百八十四元四角二分

以上合計存堤工洋二萬六千三百八十九元八角四分

（三）國立武漢大學校長齎呈變更十七年度預算書及九

　　　月份支付預算書乞令財政委員會照案發給請核示

由案（主席提出）

提案理由

據國立武漢大學校長呈略稱屬大學刻因增設本科收容前武昌中山大學各級學生，添聘教授，擴充設備以及津貼醫科轉學生，經常項下開支較鉅，原定經常費二萬元不敷分配，已由第四次臨時校務會議議決暫擬變更預算裒多益寡，每月於臨時費項下三萬元中將圖書儀器費一萬元列入經常項下，並在建築費中挪出一萬元移作經常之用。茲遵令並依校務會議議決案編造本年度全年度歲出預算書及九月份支付預算書，除函財政委員會外，理合將變更預算緣由連同本年度歲出預算書及九月份支付預算書呈請鈞會鑒核轉令財政委員會照案發給等情到會。應如何辦理之處，敬候公決。

附原呈及預算書

呈為變更預算並賷呈九月份支付預算書，仰祈鑒核轉令財政委員會照案發給以利進行事。前奉鈞會政字第三九二號指令內開呈悉該校八月份支付預算書已提交本會第二十六次常會議決交財政委員會查核辦理，除該校經常預算之教職員及校工薪金俟該校臨時校務會議成立再行編列外，其校長俸給及公費各節並由該會核議具覆仰即知照，此令。嗣奉鈞會政字第三七五號訓令尾開茲據財政委員會呈覆到會，已提交本會第三十二次常會議決如擬辦理，合即鈔同原呈暨本會提案及議決案令行該校代校長知照，此令各等因。奉此屬大學當將校長俸給及公費遵令辦理，並交校務會議定教職員及校工薪

金各項，惟屬大學刻因增設本科收容前武昌中山大學各級學生，添聘教授、擴充設備以及津貼醫科轉學學生，經常項下開支較鉅，原定經常費二萬元不數分配，已由屬大學第四次臨時校務會議決暫擬變更預算衰多益寡，每月於臨時費項下三萬元中將圖書儀器費一萬元列入經常項下，並在建築費中挪出一萬元移作經常之用。茲遵前令並依校務會議決案編造本年度歲出預算書及九月份支付預算書，除各繕四份另函財政委員會分別存轉核發外，理合將變更預算緣由備文連同本年度歲出預算書及九月份支付預算書各一份呈請鈞會鑒核轉令財政委員會照案發給，以利進行實為公便。謹呈中央政治會議武漢分會。附呈十七年全年度歲出預算書一份、十七年度九月份支付預算書一份。代理國立武漢大學校長劉樹杞。

國立武漢大學編造民國十七年度歲出預算書						
歲出經常門						
科目	上年度實支數	本年度預算數		比較		備考
				增	減	
第一款國立武漢大學經費		四八〇、〇〇〇元	〇〇			
第一項薪工		二三二、一八八	〇〇			
第一目薪俸		二二四、一六〇	〇〇			
第一節校長俸給		七、二〇〇	〇〇			奉武漢政治分會訓令政字第三七五號核准如上數，但代理期間暫不支取，業註聲明在案。

第二節 教授俸給			一六五、○○○	○○		共四十人，月支四百元者十人，月支三百五十元者十五人，月支三百元者十五人，全年如上數。
第三節 講師俸給			二一、一二○	○○		八人，月支二百八十元者三人，月支二百元者三人，月支一百六十元者二人，全年如上數。
第四節 助教俸給			九、一二○	○○		七人，三人每月支一百二十元，四人月支一百元，全年合如上數。
第五節 職員俸給			二一、七二○	○○		共二十八人，三人每人月支百元，八人月支八十元，八人月支六十元，三人月支五十元，六人月支四十元，全年合如上數。
第二目 工資			八、○二八	○○		
第一節 校工工資			七、二○○	○○		共四十人，每人月支十五元，全年合如上數。
第二節 印刷人 工資			八二八	○○		共四人，三人月支十八元，一人月支十五元，全年合如上數。
第二項 公費			三、六○○	○○		
第一目 校長公費			三、六○○	○○		奉武漢政治分會訓令政字第三七五號核准如上數。
第三項 辦公費			八三、一七二	○○		
第一目 文具			二七、六○○	○○		
第一節 筆墨			二、四○○	○○		
第二節 紙張			六、○○○	○○		
第三節 冊簿			四、八○○	○○		
第四節 印刷			六、○○○	○○		

第五節 刊物			六、〇〇〇	〇〇		
第六節 雜件			二、四〇〇	〇〇		
第二目 郵電			二、五九二	〇〇		
第一節 郵費			九六〇	〇〇		
第二節 電報			一、二〇〇	〇〇		
第三節 電話			四三二	〇〇		
第三目 購置			一〇、八〇〇	〇〇		
第一節 器具			七、二〇〇	〇〇		
第二節 雜品			三、六〇〇	〇〇		
第四目 消耗			一四、四〇〇	〇〇		
第一節 電燈			三、六〇〇	〇〇		
第二節 油燭			一二〇	〇〇		
第三節 薪炭			一、八〇〇	〇〇		
第四節 茶水			一、〇八〇	〇〇		
第五節 化學實驗 消耗			三、六〇〇	〇〇		
第六節 物理實驗 消耗			二、四〇〇	〇〇		
第七節 博物實驗 消耗			一、八〇〇	〇〇		
第五目 修繕			九、七八〇	〇〇		

第一節 土木修繕			七、三八〇	〇〇		
第二節 雜項修繕			二、四〇〇	〇〇		
第六目 雜支			一八、〇〇〇	〇〇		
第一項 衛生			二、四〇〇	〇〇		
第二項 交際			三、〇〇〇	〇〇		
第三項 旅費			六、〇〇〇	〇〇		
第四項 交通			一、八〇〇	〇〇		
第五節 雜用			四、八〇〇	〇〇		
第四項 津貼			三五、〇四〇	〇〇		
第一目 醫科生 津貼			三〇、〇〇〇	〇〇		奉武漢政治分會指令 政字第二五二號酌擬 該科轉學津貼呈請核 准在案，計該科學生 一百四十六名，預計百 名津貼，每名平均以 三百元計算，合如上數。
第二目 師範生 火食			五、〇四〇	〇〇		
第五項 宣傳費			三、六〇〇	〇〇		
第一目 印刷品			一、九二〇	〇〇		
第二目 壁報			七二〇	〇〇		
第三目 行資			九六〇	〇〇		
第六項 體育費			二、四〇〇	〇〇		
第一目 器械			一、二〇〇	〇〇		

第二目 球類		一、二〇〇〇〇			
第七項 設備費		一二〇、〇〇〇〇〇			
第一目 圖書		六〇、〇〇〇〇〇			
第二目 儀器		六〇、〇〇〇〇〇			

說明
本大學係自本年度七月份開始籌備，故上年度實支數及比較兩欄均從缺。

國立武漢大學編造民國十七年度歲出預算書					
歲出臨時門					
科目		本年度預算數	比較		備考
			增	減	
第一款 本校臨時費		一二〇、〇〇〇〇〇 元			
第一項 建築費		一二〇、〇〇〇〇〇			
第一目 建築校舍		一二〇、〇〇〇〇〇			

國立武漢大學編造民國十七年九月份支付預算書				
支出經常門				
科目	全年預算數	本年預算數		備考
第一款 國立 武漢 大學 經費	四八〇、〇〇〇〇〇 元	四〇、〇〇〇〇〇 元		
第一項 薪工	二三二、一八八〇〇	一九、三四九〇〇		
第一目 薪俸	二二四、一六〇〇〇	一八、六八〇〇〇		

國立武漢大學編造民國十七年九月份支付預算書			
支出經常門			
科目	全年預算數	本年預算數	備考
第一節校長俸給	七、二〇〇〇〇	六〇〇〇〇	奉武漢政治分會訓令政字第三七五號核准如上數，但代理期間暫不支取，業經聲明在案。
第二節教授俸給	一六五、〇〇〇〇〇	一三、七五〇〇〇	共四十人，月支四百元者十人，月支三百五十元者十五人，月支三百元者十五人，合如上數。
第三節講師俸給	二一、一二〇〇〇	一、七六〇〇〇	八人，月支二百八十元者三人，月支二百元者三人，月支百六十元者二人，合如上數。
第四節助教俸給	九、一二〇〇〇	七六〇〇〇	七人，三人每人月支百二十元，四人月支百元，合如上數。
第五節職員俸給	二一、七二〇〇〇	一、八一〇〇〇	共二十八人，三人月支百元，八人月支八十元，八人月支六十元，三人月支五十元，六人月支四十元，合如上數。
第二目工資	八、〇二八〇〇	六六九〇〇	
第一節校工工資	七、二〇〇〇〇	六〇〇〇〇	共四十人，每人月支十五元。
第二節印刷人工資	八二八〇〇	六九〇〇	共四人，三人月支十八元，一人月支十五人，合如上數。

	國立武漢大學編造民國十七年九月份支付預算書			
	支出經常門			
科目	全年預算數		本年預算數	備考
第二項 公費	三、六〇〇	〇〇	三〇〇	〇〇	
第一目 校長 公費	三、六〇〇	〇〇	三〇〇	〇〇	奉武漢政治分會 訓令政字第三 七五號核准如上 數。
第三項 辦公費	八三、一七二	〇〇	六、九三一	〇〇	
第一目 文具	二七、六〇〇	〇〇	二、三〇〇	〇〇	
第一節 筆墨	二、四〇〇	〇〇	二〇〇	〇〇	
第二節 紙張	六、〇〇〇	〇〇	五〇〇	〇〇	
第三節 冊簿	四、八〇〇	〇〇	四〇〇	〇〇	
第四節 印刷	六、〇〇〇	〇〇	五〇〇	〇〇	
第五節 刊物	六、〇〇〇	〇〇	五〇〇	〇〇	
第六節 雜件	二、四〇〇	〇〇	二〇〇	〇〇	
第二目 郵電	二、五九二	〇〇	二一六	〇〇	
第一節 郵費	九六〇	〇〇	八〇	〇〇	
第二節 電報	一、二〇〇	〇〇	一〇〇	〇〇	
第三節 電話	四三二	〇〇	三六	〇〇	
第三目 購置	一〇、八〇〇	〇〇	九〇〇	〇〇	
第一節 器具	七、二〇〇	〇〇	六〇〇	〇〇	
第二節 雜品	三、六〇〇	〇〇	三〇〇	〇〇	

國立武漢大學編造民國十七年九月份支付預算書				
支出經常門				
科目	全年預算數		本年預算數	備考
第四目 消耗	一四、四〇〇	〇〇	一、二〇〇	〇〇	
第一節 電燈	三、六〇〇	〇〇	三〇〇	〇〇	
第二節 油燭	一二〇	〇〇	一〇	〇〇	
第三節 薪炭	一、八〇〇	〇〇	一五〇	〇〇	
第四節 茶水	一、〇八〇	〇〇	九〇	〇〇	
第五節 化學 實驗 消耗	三、六〇〇	〇〇	三〇〇	〇〇	
第六節 物理 實驗 消耗	二、四〇〇	〇〇	二〇〇	〇〇	
第七節 博物 實驗 消耗	一、八〇〇	〇〇	一五〇	〇〇	
第五目 修繕	九、七八〇	〇〇	八一五	〇〇	
第一節 土木 修繕	七、三八〇	〇〇	六一五	〇〇	
第二節 雜項 修繕	二、四〇〇	〇〇	二〇〇	〇〇	
第六目 雜支	一八、〇〇〇	〇〇	一、五〇〇	〇〇	
第一項 衛生	二、四〇〇	〇〇	二〇〇	〇〇	
第二項 交際	三、〇〇〇	〇〇	二五〇	〇〇	

科目	全年預算數		本年預算數		備考
第三項旅費	六、〇〇〇	〇〇	五〇〇	〇〇	
第四項交通	一、八〇〇	〇〇	一五〇	〇〇	
第五節雜用	四、八〇〇	〇〇	四〇〇	〇〇	
第四項津貼	三五、〇四〇	〇〇	二、九二〇	〇〇	
第一目醫科生津貼	三〇、〇〇〇	〇〇	二、五〇〇	〇〇	奉武漢政治分會指令政字第二五二號酌擬該科轉學津貼呈請核准在案，計該科學生百四十六名，預計百名津貼，每名平均以三百元計算，合如上數。
第二目師範生火食	五、〇四〇	〇〇	四二〇	〇〇	
第五項宣傳費	三、六〇〇	〇〇	三〇〇	〇〇	
第一目印刷品	一、九二〇	〇〇	一六〇	〇〇	
第二目壁報	七二〇	〇〇	六〇	〇〇	
第三目行資	九六〇	〇〇	八〇	〇〇	
第六項體育費	二、四〇〇	〇〇	二〇〇	〇〇	
第一目器械	一、二〇〇	〇〇	一〇〇	〇〇	
第二目球類	一、二〇〇	〇〇	一〇〇	〇〇	
第七項設備費	一二〇、〇〇〇	〇〇	一〇、〇〇〇	〇〇	

国立武漢大學編造民國十七年九月份支付預算書

支出經常門

國立武漢大學編造民國十七年九月份支付預算書					
支出經常門					
科目	全年預算數		本年預算數		備考
第一目 圖書	六〇、〇〇〇	〇〇	五、〇〇〇	〇〇	
第二目 儀器	六〇、〇〇〇	〇〇	五、〇〇〇	〇〇	

國立武漢大學編造民國十七年九月份支付預算書					
支出臨時門					
科目	全年預算數		本年度預算數		
第一款 本校臨時費	一二〇、〇〇〇	〇〇	一〇、〇〇〇	〇〇	
第一項 建築費	一二〇、〇〇〇	〇〇	一〇、〇〇〇	〇〇	
第一目 建築校舍	一二〇、〇〇〇	〇〇	一〇、〇〇〇	〇〇	

臨時動議

（一）湖北省政府呈據湖北縣長考試事務處報告投考縣長
　　　人數過多擬請添設副典試委員長暨副監試委員長各
　　　一員以期嚴密而昭慎重請鑒核案（主席動議）

動議理由

為提議事處湖北縣長考試事務處報告現在報名應考者已
達一千五百餘人，試期已迫，應速成立委員會以便辦
理。茲查應考人數既多，前呈考試委員會條例及請特派
典試委員長兩呈均祗列典試委員長一員監督，恐有難
週，擬請增設副典試委員長一員，同請政治分會特派。
又查監試委員以政治分會所派委員為委員長，亦請加派

一員為副監試委員長，以期嚴密而昭慎重。併祈速將人員派定，以便即日成立辦事，合亟提請公決。

（二）財政委員會呈覆審核購回印報捲筒機欠款賬單情形請鑒核案（主席動議）

動議理由

查購回前正義報館與禪臣洋行訂購印報捲筒機撥歸武漢圖書編印館應用一案，經本會派秘書馮子恭、武漢圖書編印館籌備主任麥煥章會同辦理，覆令行財政委員會審核辦理各在案。茲據財政委員會呈覆略稱禪臣洋行所述理由尚屬充足，且事實上不得不付，擬請准予照付。惟火險、棧租兩費數目有無錯誤，未據附送證明憑據，無從細核。至利息一項，似多算銀八兩九錢九分三厘，總欠銀數為六千九百五十六兩六錢八分七釐，均應於付款時分別查核證明，以昭翔實而重公款等情到會。應如何辦理之處，敬候公決。

附原呈一件

財政委員會原呈

呈為呈覆事。案奉鈞會政字第三六一號訓令以據本會秘書馮子恭、武漢圖書編印館籌備主任麥煥章呈覆會同辦理贖回禪臣洋行印報捲筒機欠款及建造裝置各項事宜一案尾開查此案關於棧租、保險費、工程師工資等費，該禪臣洋行所述理由如屬實情，自應照付。據呈前情，除指令外合行檢發禪臣洋行中西文答覆書、欠款賬目單，

令仰該委員會查照審核辦理，此令等因，計檢發禪臣洋行中西文答覆書、欠款賬目單各一份。奉此查該行所述理由尚屬充足，且事實上不得不付，擬請准予照付。惟火險、棧租兩費數目有無錯誤，未據附送證明憑據，無從細核，至利息一項，似多算銀八兩九錢九分三釐，總欠銀數為六千九百六十五兩六錢八分七釐，均應於付款時分別查核證明，以昭翔實而重公款。奉令前因，理合將審核情形呈請鑒核。謹呈中央政治會議武漢分會。財政委員會主任委員白志鷗委員。金宗鼎代。

議決案

日　　期	十七年十月十二日（星期五）下午一時	
地　　點	本會	
出席委員	張知本　張華輔　嚴　重	
請假委員	白崇禧　陳紹寬　魯滌平　劉嶽峙　李隆建	
	胡宗鐸	
主　　席	李宗仁因事赴京，臨時公推張知本代主席	
秘書長	翁敬棠	
紀　　錄	李載民　林眾可	

主席恭讀總理遺囑，宣告開會。

秘書長報告處理事務並執行第三十五次常會議決各案經過。

討論議事日程

（一）湖北省政府呈送縣長考試委員會組織條例並呈請特派典試委員長暨監試委員長請核示案（主席提出）

議決：（甲）考試委員會組織條例准予備案。

（乙）典試委員長暨監試委員長准予照派。

（二）湖北隄工經費保管委員會呈請從應發湘省軍費項下扣還挪借之清鄉經費並呈長岳口內地稅局附徵隄工經費數目清冊乞核示案（主席提出）

議決：令財政委員會轉令湖南財政特務員將湘省挪借之軍費扣還，以後亦應按月撥交湖北隄工經費保管委員會以清手續。

（三）國立武漢大學校長貲呈變吏十七年度預算書及九月份支付預算書乞令財政委員會照案發給請核示案（主席提出）

議決：准如所擬辦理，並交財政委員會查照撥給。

臨時動議

（一）湖北省政府呈據湖北縣長考試事務處報告報考縣長人數過多擬請添設副典試委員長暨副監試委員長各一員以期嚴密而昭慎重請鑒核案（主席動議）

議決：准予照辦。

（二）財政委員會呈覆審核購回印報捲筒機欠款賬單情
　　　形請鑒核案（主席動議）

議決：所有欠款核實付給，至機件接收保管責成籌備主
　　　任參煥章同志辦理。

比較重要文件報告

武漢政治分會秘書處逐日處理文書情形，除尋常事件已
列入本會逐日辦事情形表外，茲將處理比較重要文書經
過分類列舉報告如左：

（甲）關於外交者計二件

　　（一）江漢關監督呈復湖北建設廳請由海關出口絲稅
　　　　項下年撥七萬兩設蠶業學校等一案該稅務司稱應先呈
　　　　准國府並得外交團同意方可施行由

　　轉知湖北建設廳已由會函達外交、財政兩部，並交財
　　委會查照。

　　（二）湖南省政府呈復漢寧公司請令湖南反日外交後
　　　　援會發還扣留日貨案准該省黨務指委會函達拒絕理由
　　　　抄呈原函請鑒核由

　　查案轉行知照。

（乙）關於財政者計八件

　　（一）財政部函為本會轉送財委會所呈參照部章規定各
　　　　種表簿式樣會計主任服務規則摘要及補充辦法應准備案由

　　交財委會。

（二）第四集團軍總司令部函復宜昌商會請撥還第二軍前借該會十萬元一案經函湖北省政府飭宜昌禁煙局月撥二萬元五次攤還由

轉知宜昌商會，並復。

（三）財政委員會呈遵令陳復整理稅收滌除積弊辦法暨經過情形由

指令外，仍督飭所屬銳意革除積弊並隨時具報。

（四）淮南湘鄂西皖四岸運商電請電湘省政府將追繳湘岸淮商七月分補貼各款命令取消仍照成案辦理由

交財委會。

（五）漢口報關業商會呈縷述徵收二五附稅辦法及積欠稅款原委請令汜漢口內地稅局取銷復進口名目照江海口辦法辦理由

交財政委員會。

（六）華章青布莊等呈土布稅重懇令鄂財廳援案免釐由

交財委會。

（七）財政委員會秘書處送到本會交辦文件周報表由

存。

（八）財政委員會送到第十五次常會紀錄由

存。

（丙）關於軍政者計三件

（一）湖南全省清鄉督辦公署呈賚該署八月十六日至九月十九日清鄉經過概況由

備案。

（二）漢口總商會呈橋口外營房漸次修竣懇飭內街駐軍
各處存放子彈及烈性軍用品悉數遷往營房以免危險由

函第四集團軍總司令部，並批。

（三）南陽救災急賑會電該處自民五以來迭遭人禍天
災祈拯濟由

電復。

（丁）關於建設者計三件

（一）湖北省政府呈復奉令創辦漢長及兩湖全境長途
電話一案已據建設廳提出計畫並該府會議情形檢同原
案及章程請鑒核由

應復嘉勉。

（二）何清華電為株萍歸併湘鄂路案未得接收要領如
何辦理乞示遵由

轉電株萍路劉前局長迅即辦理，並復。

（三）萍鄉安源煤業公會呈陳增加焦煤運費弊害請求
減輕由

轉行路局核辦。

（戊）關於司法者計一件

（一）湖北高等法院呈復遵令整頓各縣司法並籌備考
選真才由

指令呈悉。

（己）關於雜件者計三件

（一）湖北省政府送到該府第四十九次會議紀錄由

存。

（二）湖南省政府送到該府第三十六次常會紀錄由
存。

（三）湖南省政府送到該府第十一次臨時會紀錄由
存。

第三十七次常會

議事日程——十七年十月十六日（星期二）下午一時開議

（一）湖南財政廳呈報籌擬限期改行貨物統捐請核示案
（主席提出）

（二）擬訂本會條陳時政獎勵章程案（主席提出）

（三）湖南省政府呈為湖南電政管理局呈以大修湘境電
線鉅款難籌懇轉請中央准由國家收入項下撥款舉
辦並抄原估價單請核示案（主席提出）

（四）湖北省政府呈為遴選典試委員開具名單請派委案
（主席提出）

提案理由並附件

（一）湖南財政廳呈報籌擬限期改行貨物統捐請核示案
（主席提出）

提案理由

據湖南財政廳呈稱湘省釐金舊制全憑習慣徵收，無劃一
成文之規定，紊亂滋甚，弊竇叢生。自中央財政會議議
決限期裁釐，湘省釐習太深，亟宜改革，擬定新章提交
省政府委員會通過實行並呈報在案。此項新章徵釐分出
產、落地、入境、出境四項，以徵收兩道為限，廢除通
過裁併局卡，劃一釐則鏟除積弊，樹新稅之先聲，為裁
釐之初步。職廳於九月十九日又擬具籌辦統稅案，提交
省政府委員會議決通過，以兩個月為籌備期間，定於本

年十二月一日實行改辦統稅，以利民生。除統稅徵收條例及稅則等項另文呈請核示外，所有限期改行貨物統稅緣由理合呈請鈞會鑒核示遵等情到會。應如何辦理之處，敬候公決。

附原呈一件

呈為呈報事。案照湘省釐金舊制全憑習慣徵收，不惟全省無劃一之釐則，即各局亦無成文之規章，紊亂滋甚，弊竇叢生。因制度之不良，致令國計民生交受其弊，商民呼籲改革，政府籌議廓清，匪朝伊夕。適中央財政會議議決限期裁釐，湘釐積習太深，變革尤不容緩，職廳以整理稅務須循一定步驟，爰取逐次擬定之釐金新章酌加修改，提交省政府委員會議決通過，已於八月一日公佈實行，業經呈報在案。此項新章其徵釐分出產、落地、入境、出境四種名目，而以徵收兩道為限，廢除通過裁併局卡，劃一釐則剷除積弊，向之棼若亂絲不可究詰者，已有軌道之可循，法規之可守，實足樹新稅之先聲，為裁釐之初步，抑亦過渡時期所必經之階段也。惟准洗滌舊污不容一得自足，革新稅政更宜急起直追，職廳又已於九月十九日擬具籌辦統稅案提交省政府委員會議決通過，以兩個月為籌備期間，定於本年十二月一日實行改辦統稅以利民生。除統稅徵收條例及稅則等項另文呈請核示外，所有籌擬限期改行貨物統稅緣由，理合呈請鈞會鑒核示遵。謹呈武漢政治分會。湖南省政府財政廳長劉嶽峙呈。十七年十月一日。

（二）擬定本會條陳時政獎勵章程案（主席提出）

提案理由

查本會前經布告海內賢達、湘鄂名賢徵求條陳時政及建設計畫酌予獎勵在案，茲擬具條陳時政獎勵章程六條，敬請公決。

附武漢政治分會條陳時政獎勵章程草案

第一條　本會為集思廣益採納政見，特定獎勵條陳時政章程。

第二條　凡條陳政見經本會審查認為可採者，得依本章程給予獎勵。

第三條　本會收受條陳分為左列二種：

　　　　一、關於兩湖施政大綱內有所條陳者，自本章程公布之日起以六個月為限。

　　　　二、關於專門學術及偉大建設計畫隨時收受。

第四條　條陳文件不拘形式，但須書明姓名、年齡、性別、住所。

第五條　獎勵方法分三種如左：

　　　　一、給予或介紹工作

　　　　二、名譽嘉獎

　　　　三、給予獎金，分為五等：

　　　　　　甲等　三百元

　　　　　　乙等　二百元

　　　　　　丙等　一百五十元

　　　　　　丁等　一百元

戊等　六十元

第六條　本章程自公布之日施行。

（三）湖南省政府呈據湖南電政管理局呈以大修湘境電
　　　線鉅款難籌懇轉請中央准由國家收入項下撥款舉
　　　辦並照抄原估價單請核示案（主席提出）

提案理由

據湖南省政府主席暨建設廳廳長呈略稱前奉鈞會令開據
湖北電政管理局呈稱恢復粵漢快機直達電線，請轉湘省
政府大修湘境線路以利交通等情到會。本會第十九次常
會議決由該省政府籌劃辦理等因，當經令飭湖南電政管
理局長遵照辦理，去後茲據復稱粵漢直達取道湘區，而
湘轄線路年久失修，誠與贛區情形相類似，加以每因兵
燹，臨時接修補掛之線粗細不一，阻力殊多。現在長潭
水線又壞一條，即長衡直達不過三百餘里，亦感困難。
若非添掛一線、更換新桿，不足以期直達等情，並附工
程計劃暨概算書前來。查該估單所列共計洋九萬二千餘
元，屬省現在財政支絀，前此該局呈報省境各局材料經
費困難，亦經力請交通部轉飭鄂局協助，此項鉅款更屬
無力措辦。查電政屬中央管轄，擬請轉請中央准由國家
收入項下撥款舉辦，以期恢復等情到會。應如何辦理之
處，敬請公決。

附湖南省政府主席暨建設廳長原呈一件並抄單一件

呈為呈請事。案查前奉鈞會訓令開據湖北電政管理局呈稱

恢復粵漢快機直達電線，請轉湘省政府大修湘境線路以利
交通等情到會。茲經第十九次常會議決應由該會省政府籌
劃辦理等因，合即令仰查照辦理，原呈並抄發等因，當經
令飭湖南電政管理局長遵照辦理，並擬具工程計劃暨費用
概算書呈復核奪在案。茲據呈復尾開遵查粵漢直達取道湘
區，而湘轄線路年久失修，誠與贛區情形相類似，加以線
路每因兵燹，限於工費，臨時接修補掛之線精細亦不一，
致阻力殊多。現在潭水線又已腐壞一條，即長衡直達不過
三百餘里，亦感困難。再三審度，若非添掛一線、更換新
桿，不足以開直達而奏事功。茲謹擬具湘區應修路線工程
計劃暨費用概算書，理合備文賷呈伏乞俯賜核轉訓示祇遵
等情，並附呈長岳長潭衡祁永換桿加線工程材料工費估單
一件前來。據此查該估單所列共計洋九萬二千餘元，屬省
現在財政支絀，各項建設均因經費不足無從進行。前此該
電政管理局迭次呈報省境各局材料經費困難情形，幾有停
工之勢，亦經力請中央交部轉飭鄂局協助，始克維持現
狀，此項換桿加線鉅款更無力措辦。查電政屬中央管轄機
關，擬請鈞會顧念屬省地方經費困難，轉請中央准由國家
收入項下撥款舉辦，以其恢復粵漢直達快機一案得以早日
觀成。是否有當，理合照鈔原估單備文呈請鑒核，伏候指
令祇遵。謹呈中央政治會議武漢分會主席李。計賷照抄原
估單一件。湖南省政府主席魯滌平、建設廳長劉召圃。
謹將長岳長潭衡祁永換桿加掛線條工程材料工運等費估呈
鈞鑒。

計開

按照部章規定工程辦法

每日工頭二人	每人一元	共洋二元
抬桿小工三十人	每人八角	共洋二十四元
扛線小工十二人	同	共洋九元六角
豎桿八人	同	共洋六元四角
板椿三人	同	共洋二元四角
鈎碗四人	同	共洋三元二角
放線四人	同	同
緊線四人	同	共二元三角
紮線四人	同	共三元二角
接線四人	同	共三元二角
叉線四人	每人八角	共三元二角
雜役四人	同	同
總計洋六十七元六角		

長沙至湘陰材料工運等費

桿木	五寸‧梢徑三丈二尺長	一千零二十根	每根四元五角	共洋四千五百九十四元五角
電線	八號	一百二十五綑	每綑十二元	共洋一千五百元
鈎碗	大號	一千零二十一套	每套五角	共洋五百一十元零五角
分屯桿木運費			每根平均一元四角	共洋一千四百二十九元四角
分屯電線及鈎碗運費		每二人抬線二綑，每一人挑鈎碗五十套，三日計算。	每工七角	共洋三百零四元五角
工費		十二日計算	每日六十七元六角	共洋八百一十一元二角
總計				洋九千一百五十元零一角

湘陰至岳州全轄材料工運等費

桿木	五寸，梢徑三丈二尺長	二千五百五十七根	每根四元五角	共洋一萬一千五百零六元五角
電線	八號	三百五十九綑	每綑十二元	共洋四千三百零八元
鈎碗	大號	二千五百五十七套	每套五角	共洋一千二百七十八元五角
分屯桿木運費			每根平均一元四角	共洋三千五百七十九元八角分
分屯電線及〇碗運費		每二人抬線二綑，每一人挑鈎碗五十套，九日計算。	每工七角	共洋二千五百八十三元
工費		三十五日計算	每日六十七元六角	共洋二千三百六十六元
總計				洋二萬五千六百二十一元八角

長沙至湘潭材料工運等費

桿木	五寸，梢徑三丈二尺長	六百三十根	每根四元五角	共洋二千八百三十五元
電線	八號	九十綑	每綑十二元	共洋一千零八十元
鈎碗	大號	六百三十套	每套五角	共洋三百一十五元
單心水線		兩根	每根三千六百元	共洋七千二百元
分屯桿木運費			每根平均一元四角	共洋八百八十二元
分屯電線及鈎碗運費		每二人抬線二綑，每一人挑鈎碗五十套，三日計算。	每工七角	共洋二百一十四元二角
工費		九日計算	每日六十七元六角	共洋六百零八元四角
總計				洋一萬三千一百三十六元六角

湘潭至衡山材料工運等費

桿木	五寸，梢徑三丈二尺長	一千二百零一根	每根四元五角	共洋五千四五零四元五角
電線	八號	一百八十綑	每綑十二元	共洋二千一百六十元
鈎碗	大號	一千二百零一套	每套五角	共洋六百元零五角
分屯桿木運費			每根平均一元四角	共洋一千六百八十一元四角
分屯電線及鈎碗運費		每二人抬線二綑，每一人挑鈎碗五十套，六月計算。	每工七角	共洋八百五十六元八角
工費		十八日計算	每日六十七元六角	共洋一千二百六十六元八角
總計				洋一萬一千九百二十元

衡山至衡州材料工運等費

桿木	五寸，梢徑三丈二尺長	七百一十一根	每根四元五角	共洋三千一百九十九元五角
電線	八號	一百綑	每綑十二元	共洋一千二百元
鈎碗	大號	七百一十一套	每套五角	共洋三百五十五元五角
分屯桿木運費			每根平均一元四角	共洋九百九十五元四角
分屯電線及鈎碗運費		每二人抬線二綑，每一人挑鈎碗五十套，三日計算。	每工七角	共洋二百三十九元四角
工費		十日計算	每日六十七元六角	共洋六百七十六元
總計				總計洋六千六百六十五元八角

衡州至祁陽材料工運等費

桿木	五寸，梢徑三丈二尺長	一千三百四十四根	每根四元五角	共洋六千零四十八元
電線	八號	一百九十五綑	每綑十二元	共洋二千二百四十元
鈎碗	大號	一千三百四十四套	每套五角	共洋六百七十二元
分屯桿木運費			每根平均一元四角	共洋一千八百八十一元六角
分屯電線鈎碗運費		每二人抬線二綑，每一人挑鈎碗五十套，六日計算。	每工七角	共洋九百三十二元四角
工費		十九日計算	每日六十七元六角	共洋一千二百八十四元四角
總計				洋一萬三千一百五十八元四角

祁陽至永州全轄材料工運等費

桿木	五寸，梢徑三丈二尺長	一千二百四十八根	每根四元五角	共洋五千六百一十六元
電線	八號	一百九十綑	每綑十二元	共洋二千二百八十元
鈎碗	大號	一千二百四十八套	每套五角	共洋六百二十四元
分屯桿木運費			每根平均一元四角	共洋一千七百四十七元二角
分屯電線及鈎碗運費		每二人抬線二綑，每一人挑鈎碗五十套，六日計算。	每工七角	共洋九百零三元
工費		十九日算計	每日六十七元六角	共洋一千二百八十四元四角
總計				洋一萬二千四百五十四元六角

統共洋九萬二千一百零五元三角。湖南電政管理局局長劉汲之。

（四）湖北省政府呈為遴選典試委員開具名單請核示案
　　　（主席提出）

提案理由

據湖北省政府呈稱查本府縣長考試委員會組織條例第三條第二項規定由省政府遴員呈請武漢政治分會派充，其員額臨時定之等語。茲謹遴選學識宏通人員九名，開具名單呈請鑒核，伏乞即予派委，俾負專責而重試典等情到會。應如何辦理，敬請公決。

議決案

日　　　期　十七年十月十六日（星期二）下午一時
地　　　點　本會
出席委員　李宗仁　張知本　胡宗鐸　張華輔　嚴　　重
　　　　　劉嶽峙
請假委員　白崇禧　陳紹寬　魯滌平　李隆建
主　　　席　李宗仁
秘　書　長　翁敬棠
紀　　　錄　李載民　林眾可

主席恭讀總理遺囑，宣告開會。
秘書長報告處理事務並執行第三十六次常會議決各案經過。

討論議事日程

（一）湖南財政廳呈報籌擬限期改行貨物統捐請核示案
（主席提出）

議決：在財政部裁厘辦法未確定以前，准照所擬辦理。

（二）擬訂本會條陳時政獎勵章程案（主席提出）

議決：通過。

（三）湖南省政府呈為湖南電政管理局呈以大修湘境電
線鉅款難籌懇轉請中央准由國家收入項下撥款舉
辦並抄原估價單請核示案（主席提出）

議決：俟調查漢口電政管理局收支狀況後，再行提出下
次常會討論。

（四）湖北省政府呈為遴選典試委員開具名單請核示案
（主席提出）

議決：〔照委。〕派蕭萱、但燾、時功玖、曾天宇、翁敬
棠、習文德、皮宗石、甘介侯、宋式驫為典試委員。

臨時動議

（一）湖南省政府委員兼民政廳長陳嘉任電因病懇辭民
政廳長兼職案（主席動議）

議決：電詢湖南省政府主席。

比較重要文件報告

武漢政治分會秘書處逐日處理文書情形，除尋常事件已
列入本會逐日辦事情形表外，茲將處理比較重要文書經

過分類列舉報告如左：

（甲）關於民政者計四件

（一）國民政府賑務處代電復兩湖災害俟籌有的款再行賑濟由

分行兩湖省政府，並電請從速統籌接濟。

（二）湖北賑災委員會電陳各縣兵匪水旱各災情形各省軍政當局暨慈善家賑濟由

轉行通電乞賑，並指令。

（三）陝西救災委員會電告該會成立乞贊助由

電復。

（四）湖北省政府呈復為牟秉鍾呈以伊父牟猷宣致力革命因傷病歿懇賜葬費一案經議決候統籌辦理由

指令呈悉。

（乙）關於軍政者計一件

（一）國民政府軍事委員會函據宜昌商會呈請照案由宜昌禁煙稅項下撥還前借與第二軍洋十萬元一案檢同原件請核辦由

函復已由第四集團軍總司令部定有攤還辦法。

（丙）關於財政者計三件

（一）湘岸榷運局長彭兆璜因病呈請准予辭職由

交財委會。

（二）湖南省政府電為湘岸榷運局長彭兆璜因病准予辭職保薦湘財整委員會委員胡星池接充由

交財委會，並電復。

（三）湘鄂木商代表呈厘率加重請飭湘政府迅予更正由

交財委會。

（丁）關於建設者計二件

（一）湖北建設廳呈賚提倡湖北蠶業計畫書請轉咨財

部飭海關按期由絲稅項下撥款辦理由

指令前後數目不符，仰查明呈復以便再轉外財兩部。

（二）江西萍鄉安源煤業公會呈為運輸停滯湘鄂株萍兩

路或併或離請速定辦法並責令速修湘東橋以便運輸由

轉交通部，並批。

（戊）關於雜件者計六件

（一）湖南省政府魯主席庚電贊同支電定九二三為北

伐完成紀念日業電中央建議由

存。

（二）海軍總司令部庚電贊同定九二三為北伐完成紀念日

存。

（三）第十四軍軍長陳嘉佑庚電贊同定九二三為北伐

完成紀念日

存。

（四）北平市長何其鞏齊電贊同定九二三為北伐完成紀念日

存。

（五）方軍長振武青電贊同定九二三為北伐完成紀念日由

存。

（六）湖北省政府送到該府第五十次會議議事錄由

存。

第三十八次常會

議事日程——十七年十月十九日（星期五）下午一時開議

（一）嚴禁兩湖從政人員吃食鴉片案（主席提出）

（二）湖南省政府電呈該省共匪水旱災禍及公私交困情形懇頒
　　　鉅款賑濟並補助建設事業請核示案（主席提出）

（三）湘鄂鐵路管理處為株萍鐵路員司抗命歸併無期路
　　　政橋工無從著手請核示並據株萍鐵路員司何廉等
　　　公呈自行整理請免歸併案（主席提出）

（四）湖南省政府電懇准自八月份以後所收中央稅款將
　　　超過百萬元以外之數留解省庫並飭財委會駐長特
　　　務員遵照請核示案（主席提出）

（五）請照本會財委會議決劃分湖南國省兩稅徵收原案
　　　將整理增加之國稅安輯退伍軍人及流亡難民之生
　　　產資本經費以資建設而弭共禍案（劉委員嶽峙）
　　　（第三十四次常會保留案）

（六）請指導湖南中央稅收究應如何設法以資整理案（劉
　　　委員嶽峙提出）

提案理由並附件

（一）嚴禁兩湖從政人員吸食鴉片案（主席提出）

提案理由

當茲訓政開始，正勵精圖治之時，凡我兩湖從政人員更
宜振刷精神，蠲除嗜好。查現在各機關職員其能束身自

愛者固極多數，然亦難保絕無自甘墮落吸食鴉片者溷跡其間。本會前核定兩湖施政大綱曾經注意及此，茲擬通飭兩湖各機關轉飭所屬職員各具不吸鴉片切結，由各機關領袖負責證明。倘有欺飾，一經查覺，除褫職外，並應依法嚴辦。其負責保證人員失於覺察，亦應一併議處，以肅官方。並據湖北禁煙總局呈請核示前來，特提出會議，敬候公決。

附湖北禁煙總局呈一件

呈為呈請通飭各機關在職人員不准吸食鴉片以儆官邪而利禁政事。竊查吸食鴉片久干屬禁，前軍閥時代公開包庇，為害已烈，迨至國民政府財政部辦理煙禁，正值北伐未成，軍需孔急之日，所定條例仍屬注重收入，名曰寓禁於徵，實則飲鴆止渴，煙館雅室觸目皆是，病國弱種誠可痛心。局長受事伊始，適奉國民政府頒布禁煙法及施行條例，下局自應參酌本省情形，根據鈞會議決施政大綱中嚴禁鴉片案內所示已吸者限以戒斷之期、新犯者施以極嚴之罰兩語為原則釐訂專條，次第禁絕，業已實行嚴屬禁止，煙館不准張燈設舖，供人吸食，以防滋蔓。一面按照清鄉戶口冊籍切實登記煙民，勒限戒絕，用資善後，經分飭所屬遵照辦理並佈告各在案。惟查各機關在職人員間有墮落分子仍不免有吸食情事，當此訓政時期，以公務員而吸食鴉片，將何以服務黨國、昭示人民。更有不肖之徒於職局實施禁令時，竟恃公務員之身分阻撓抵抗，尤屬不成事體。職局職責所在，固不

能任其強頑，而於禁令之實施，亦橫生阻礙。為屬行禁煙，救濟上項困難起見，擬請鈞會通令各機關所有在職人員一律不准吸食鴉片，如有違犯或經職局發覺證據確鑿者，得由主管機關分別褫職加等治罪，以儆官邪而利禁政。所請是否有當，理合呈請鈞會鑒核示遵。謹呈中央政治會議武漢分會主席李。湖北禁煙局局長葉波澄。

（二）湖南省政府電呈稱該省共匪水旱災禍及公私交困情形懇頒鉅款賑濟並補助建設事業請核示案（主席提出）

提案理由

據湖南省政府住電並呈略稱湘省比年以來共黨作厲，全境靡爛，又雨澤愆期，旱魃為虐，報災請賑，文電交投，而各省裁汰之兵多隸湘籍，接踵而歸，數逾十萬，飢寒所迫，恐生事端。惟有一面散放急賑，一面銳意建設，以工代賑，化兵為工，使散有所歸，歸有所養。但急賑建設動需鉅款，乞俯念湘災奇重認為特別災區，立頒鉅款俾資散放，並酌撥國帑補助建設事業，俾災黎散卒自活有途等情到會。查本會前以兩湖迭遭匪共蹂躪，今歲復水旱為災，曾於第三十四次常會提出擬令兩湖省政府迅飭被災各縣呈報詳情，一面電請中央賑務處撥給賑款以資救濟，經議決分行在案。昨准中央賑務處魚電稱現正設法籌款，俟有的款再行核辦，又據湖北賑災委員佳電縷陳本省各縣災患情形，亦經復請迅予籌撥並轉

行通電乞賑，均於本會第三十七次常會提出報告。茲復據湖南省政府電述前情，自屬實在，應如何辦理之處，敬候公決。

附湖南省政府原電及呈各一件

附湖南省政府電

國。限即到。南京中國國民黨中央執行委員會政治會議、國民政府主席譚、各部院賑務處、漢口武漢政治分會主席李鈞鑒。湘省素稱貧瘠之區，又鮮交通之便，文化經濟向落人後，改革以來，內爭不息。北洋軍閥先後入據，掠奪搜括，空澤而漁，百業廢弛，民力凋敝。賦稅抵至十年以後，軍政各費積欠至千萬之多，政治民生已屬奄奄一息。革命勢力由粵入湘，軍需供應動至百萬有餘，人民忍痛輸將，使國軍轉運無缺，得以長驅武漢，進窺河洛。方謂昭蘇有望，生息可圖，乃共產黨幻為逆蜮，造作屬階，欲以湖南為其新根據地，即此一念遂演成七澤三湘空前未有之浩劫。共產黨既製造階級，使民眾互相仇殺，地痞流氓從而附和，聲勢大張，有升斗之蓄者指為土豪事，血汗之食者目為反動，集中現金，沒收糧食，脅迫社會人類盡入於無產無業之途，囂亂之象，顛連之慘，為中國有史以來未有之慘劫。清共以後更事狂暴，殺戮不僅官紳，而廣場曠野遍染苦工勞農之血，燒燬不祇廈屋，彼鄉村城市直冒甕牖繪樞之煙，一望屍骸，到處瓦礫，湘南二十餘縣無一點生氣、一片淨土，佛民所稱阿鼻地獄，恐亦無此殘酷也。他如湘東之醴攸茶醴逼近朱毛巢穴，來去無常，湘中之平

江瀏陽更遭黃彭叛變，愈演愈烈，民匪已屬莫分，良莠同歸於盡，赤地何止千里，白晝但聞鬼哭。湘西則匪多如毛，久亡寧胡，殺人越貨，視同尋常，稍可自給之家，早已遷播於外。共匪賀龍近復挾其殘餘勢力竄擾慈桑一帶，使水深火熱之遺子更是求生不得，求死不能，即此近郊數縣，亦復匪警頻驚，焚殺之禍未能倖免。國軍西征，再度入湘救焚拯溺，人民感泣，撙衣縮食以迎義師，總計國軍入湖南提用省縣公私各款為數要在數百萬以上。環顧全湘無地而非慘境，無人而非病民，國家雖成統一之業，湖南竟淪糜爛之域。言念及此，摧痛何極，乃昊天不弔，頻降鞫凶，雨澤愆期，至夏旱魃為虐，苗既荒種，穫復歉收，濱湖各縣，堤垸悉成澤國，多山之區，原野已無蓋草。報災請賑，文電交投，擱之則心有未安，賑之力有未逮，湘中哀情慘況，匪獨滌平等昕夕處此寢饋難釋，諒亦黨國當局諸公所惻然憫念者也。自清鄉督辦署成立，關於剿共勦匪積極進行，進勦湘東，朱毛彭黃遠竄江西，合圍寧遠、藍山，陳周潰逃粵北，股匪漸就消滅，共暴不至猖狂，然而壤接粵贛，根株未絕，民無恆產，本源未清，一旦捲土重來，勢且星火燎原，而清鄉之費，仍不能不責人民以供億。若天垂死之民，待賑之殷，省內慈善之士，曾有匪災急賑委員會之設，款之所去多取之於賦稅之附加，杯水車薪已感不濟，況危者之湯藥即病者之膏血，雖乃仁術，尤傷元氣。加以冬限瞬屆，綢繆宜先，本省流離之民既無所歸，而各省裁汰之兵湘籍居多，接踵而至，數在十萬以

上，多無一家之安，遠離社會之中，感受肌寒之逼，穢流所集，孑孑化生，禍發一隅，大局動搖，丁茲艱難，徬徨萬狀。補苴之道，惟有一面散放急賑，藉救目前之死亡於萬一，一面銳意建設，俾得以工代賑，化兵為工，使逃散者有所歸，歸來有所養給，災民尋常之生路，杜共匪煽動之危機，庶皮癬殘疾之湖南得與列省同沾革命之利益，不致有為革命所受之犧牲最大，所獲之代價最酷，引為戚戚。惟是急賑建設動需巨資，以歷受共禍、匪禍、水災、旱災，公私交敝之湖南，源之已竭，流得不枯，亦惟有禱盼黨國當局諸公本己餓己渴之慈懷，發民胞物與之宏願，俯念湘災奇重，認為特別災區，立頒巨款，俾資散放，並酌撥國帑，補助湖南建設事業之進行，俾災黎散卒有自求生活之途逕。滌平等自當仰體鴻施，努力赴的，不忍使中華整個大好之河山，獨湖南一隅長陷於萬劫不復之地位也。夫海陸豐受共匪之禍慘矣，而按諸吾湘之郴耒平醴則有過之無不及，甘陝綏察受旱魃之災深矣，而較之吾湘之共匪水旱則有其一而無其二，湘民輾轉呻吟之聲，又豈能楮墨所能達其萬一耶。嗚呼，摹形繪影，誰陳鄭俠之圖，矯制開倉，渴待汲黯之粟，望甘霖之立沛，戴厚德於靡涯，民亦勞止，儻其鑒諸，臨電悚惶，竚候訓示。湖南省政府主席魯滌平、委員何健、陳嘉佑、劉召圖、張定、陳嘉任、劉嶽峙、周斕、劉興、曾繼梧叩。佳印。

附原呈一件

呈為災情奇重，懇將湘省劃為特別災區，立賜賑濟以救孑遺事。竊湘省素稱貧瘠，人民務農以資生活者居大多數，社會調劑全視土地產生如何。比年以來，軍閥爭奪，戰禍相尋，影響所及，民困日深，以致兵匪共暴，水旱天災，交至迭乘，生靈塗炭，興言及此，痛愴良深。查從軍閥罔恤民艱，軍隊之給養供應就地籌措，橫徵暴斂，名目繁多，即就過境客車提去款項，綜計已在千萬以上，各縣田賦有提徵至二十一、二年者，其他已可概見人民痛苦，因此驟增不幸，適居戰區，其所犧牲尤大。往者弗論，近據常德、洪江、桂東、瀘溪、臨澧、岳陽、平江、新化等縣災民均以兵災迭呈請賑前來，迭令妥籌撫綏，尚苦無確切賑濟之把握，加以潰兵散卒，多流為匪，虎翼而冠，其慾愈熾，盤踞嘯聚，勢成負隅，不獨窮鄉僻壤搶劫時聞，即交通便利之區亦時有匪類出沒，擄人勒贖，劫舍焚廬，民受其殃，不可勝計。歷年非無清鄉剿匪之政，乃兵至匪颺，兵退匪聚，無術完全肅清，隱患滋大，此各縣人民往昔痛苦流離之狀，已有非鄭俠所能盡圖者也，天不厭亂，共匪肆虐，如火益熱，如水益深。綜計全湘，惟湘西各縣，雖屬多匪，尚少共禍，湘南、湘東受禍獨烈，共則煽匪以橫行，匪則假共而猖獗，屠殺焚劫，慘無人道。迭據先後呈報，重災者有郴縣、耒陽、宜章、桂東、酃縣、永興、資興、安仁、桂陽、臨武、攸縣、茶陵、寧遠、平江、醴陵、衡陽等二十餘縣，人民死亡以百萬計，財產損

失以億萬計，有全城被毀者，有全村被焚者，有閤家被戮者，有舉室逃亡者，甚或逆知共匪將至必遭荼毒，多方覓死者，不幸為共匪所獲，求即時殺斃免遭凌遲碎磔者，種種慘痛，不忍卒述。現雖次第平定，而劫後災黎顛連苦狀，殊非楮墨所能形容。前由湖南匪災急賑委員會列造表冊，繪具圖說，搜集照片，專案具呈鈞座在案，諒邀矜鑒矣。不寧惟是，人禍未息，復罹天災，今歲安鄉潰堤，洪水氾濫，合福武觀各垸盡成澤國，淹斃人民甚多，津市益陽永綏又大火成災，延燒甚廣，損失至鉅。更有他邑入春雨澤愆期，夏則旱魃為虐，源泉枯竭，車放徒勞，苗槁苞枯，秋收失望。現據呈復災情地方有長沙、湘陰、瀘溪、臨澧、慈利、石門、麻陽、安化、桃源、澧縣、邵陽、沅陵、辰谿、祁陽、桑植、漢壽、常德、岳陽、乾城、嘉禾、芷江、大庸、永明、桂東等縣，呈電紛馳，傷心慘目，雖災情各有輕重，要皆承痛，創鉅痛深之餘，以致流離瑣尾，餓莩盈途，悲慘情形，變本加厲，此又天災流行之情形也。職蒿目時艱，怒焉如擣，現雖分途派員詳勘並設法籌賑，無如千瘡百孔，救濟難周，杯水車薪，澹災乏術，既屬積弊之區，又值百端待理，在在需款，挹注靡從。抑尤有進者，客車過境，提撥之款動以數十萬計，各省軍隊縮編，湘籍退伍歸里者又在十萬以上，災後流亡之撫綏既不容緩，失業民眾之安集尤特預籌，右絀左顧，顧此失彼，束手無策，仰屋興嗟。鈞座瘰疳在報，胞與為懷，籲懇俯賜矜憐，將湘省列為特別災區，撥發鉅款，統

籌救濟，立沛甘霖，萬家生佛，子遺感戴。除電呈外，理合備文呈請鈞座察核，指令祇遵。謹呈中央政治會議武漢分會主席李。湖南省政府主席魯滌平。

（二）湘鄂鐵路管理處為株萍鐵路員司抗命歸併無期路政橋工無從著手請核示並據株萍鐵路員司何廉等公呈自行整體請免歸併案（主席提出）

提案理由

據湘鄂鐵路管理局呈略稱查株路歸併湘鄂局一案，經職局仰遵交通部訓令切實進行，自部派委員何清華到鄂後，即妥商辦法派員隨同赴湘。接洽迄今月餘，株萍員司公然抗拒，並云已組織整理委員會自行整理等語，接收各員舌敝唇焦，終無效果，又奉交通部訓令以據萍礦員工電稱株萍工人無不贊成歸併，徒以少數職員反對，致該礦煤斤不能暢通，請迅飭歸併等語，查株萍歸併事在必行，仰即迅速辦理等因。竊思暢運萍煤，不獨救濟礦工，亦職局急所盼望，加以湘東大橋衝斷日久，當此天晴水落，正橋工緊要之時，但事權未一，斷難著手，長此岩延，重咎難負，仰懇鈞會迅示機宜等情到會。又據交通部委員何清華虞日午戌暨文日共三電報告未能接收情形，請迅賜電示，與湘鄂局所陳相同。旋據株萍鐵路員工歷陳自行整理辦法，請免予歸併前來，應如何辦理之處，敬候公決。

附原呈一件及何清華電三件

呈為株萍員司抗命歸併無期，路政橋工無從著手，謹縷陳困難情形請予核示遵行事。竊查株萍路歸併湘鄂局一案經職局仰遵交通部訓令切實進行，自部派委員何清華到鄂後，即迭次妥商辦法，一面派委明幹人員隨同何部員赴湘接洽，中間種種經過亦迭經據實呈報。乃迄今月餘，株萍員司始則無接受之誠意，今則公然抗拒，該局劉局長競西所派移交之專員會計處長何廉竟不與接收者相見，迨經煤商何熙曾等斡旋始相見，一次總以暫緩歸併為言，並云現已組織整理委員會自行實施整理等語，接收各員舌敝唇焦，終無效果，所有一切情形已由何部員清華虞庚兩電詳陳鈞鑒在案。局長等昨又奉交通部訓令內開據萍鄉煤礦長凌善水及員工等皓日代電稱株萍多數人贊成歸併，而少數職員反對，以致萍礦被該路扼其咽喉，歷年煤觔不能暢運，飽受切膚之痛，請迅飭歸併救礦產於危亡等語。查株萍歸併事在必行，仰即迅速辦理等因，奉此聞命之餘，實屬徬徨無措。竊思暢運萍煤不獨救濟礦工，亦職路急所盼望，加以湘東大橋衝斷日久，當此天晴水落，正橋工緊要興築之時，但事權尚未統一，職路斷難著手進行，似此公然抗拒，僅以樽俎折衝，無論如何交涉，仍係任催罔應。職路一日不能接收，即一日無從歸併，長此延宕，迄無結果之期，局長等誠難負此重咎。究應如何辦理，惟有據實瀝陳，仰懇鈞會迅予賜示機宜，俾便遵奉進行，毋任惶悚，待命之至。謹呈中央政治會議武漢分會。湘鄂鐵路管理局局長方達智、副局長龍滌英。

急。南京交通部部長次長、路政司長、漢口中央政治會議武漢分會李主席及各委員、長沙湖南省政府魯主席及各委員鈞鑒。關於株萍路歸併湘鄂局辦理一案，遵命會同兩路局長協調歸併辦法呈部核准，及偕同湘鄂路局所派接收主任梁永璋先後到長，迭向株萍劉局長競西接洽。劉局長於上月二十三函派會計處何濂為移交專員，由華轉知梁主任准備接收各種情形，節經函電並面陳。昨據梁主任通知即往醴陵接收，邀華同行，業於本日早到醴，頃據梁主任面稱永璋率同接收人員彭延厘等往株萍局向何專員面洽，詎何濂不之見無從接收等語。華愚以為華等到長瞬已一月遲久，始准劉局長指派何濂移交，及接收又復不得要領，華等只有仍行回長靜候解決。究應如何辦理，俾免長此延宕貽誤路務之處，伏候層台鑒核施行。職何清華叩。虞午印。

急。南京交通部部長、次長、路政司長、漢口中央政治會議武漢分會李主席及各委員、長沙湖南省政府魯主席及各委員鈞鑒。虞午電諒賜覽，本日下午株萍劉局長競西所派移交專員何濂以煤商何熙曾等之周旋出而相見，比由湘鄂局接收主任梁永璋將劉局長給何之訓令轉交，請其定期移交。惟以員司正向層憲為暫緩歸併之請願，此刻不能移交等語為答，雖華焦唇敝舌，不之動聽。華在長履約劉局長同來不果，而該局員司日前以公文呈華大略謂劉局長雖參與歸併辦法之協商，員司則已自謀整

理委員會，從事於整理方案之實施，劉局長亦屢告華謂由員司把持，故不能迅速移交，並自有電達部。今則該局員司以劉局長之命令違而不遵，對於梁永璋及華來醴接收始則拒之不見，繼則藉詞推托，華不得已，定於即夕率同梁永璋等離醴回長。惟區區愚見，以為華等到湘輾轉遷延已逾一月，華等因受大部詰責之事小，因而停頓路務，致湘東橋無修復之期，萍礦工人無來蘇之望，一切急務無由進行，所關實大，應如何促其交接，華愚未敢擅擬，謹觀縷電陳伏候鑒核。賜電祈寄長沙東車站收轉。職何華清叩。虞戌自醴陵車次發印。

方局長、龍副局長勛鑒。岳密譯呈武漢政治分會鈞鑒。文電敬悉，湘省政府曾逕電交部曰南京交部王部長勛鑒篠電敬悉，關於株萍歸併湘鄂局一案，因據該萍局員工代表袁貽慶等具呈不可歸併理由十端，並擬具整理方案附呈到府，當以事關中央行政，未便越俎，經據情呈武漢政治分會轉商貴部核辦在案，謹電奉復，即乞察照，魯滌平叩，虞印等因。湘政府受員司之請願，經會議之公決，特呈請鈞會請交部核辦，此為既定事實。自上月二十七日至今已隔多日，其呈鈞會文電不知因何遲延尚未發出，擬懇鈞會迅賜權衡處理，俾該員等設法延岩之計，無所施展，不勝叩禱。是否有當，謹電密聞，伏希彙察。交通部委員何清華叩。文亥。

株萍鐵路員工代表何廉等原呈

呈為請願事。竊屬路前奉交通部訓令暫行歸併湘鄂路局辦理，曾臚陳不可合併理由呈請鈞會鑒核，旋奉指令第二八二號開呈悉仰候轉送交通部核辦此批等因。奉此仰見鈞會維持路政俯順民情之至意，員工等傳頌之下，感激莫名，恭繹鈞會提議原案祇在整理屬路，解決員工痛苦，不意交通會議告終，猝下合併之命，以屬路歸併湘鄂為整理方法。徵之屬路上年合併湘鄂期間收入暢旺，而機車枕軌一切均毫無起色，且欠員工等薪餉四個餘月，迭請清發，毫無著落，今若再併，不啻重蹈覆轍，其何以堪。再四思維，整理屬路實在員工自決，擬具整理方案並推舉代表徐行、馮素民、李德炳、王則輔等赴轅面懇，伏乞鈞會俯賜採納轉達交通部收回合併成命，仍保存屬路獨立地位自行整理以謀發展，不勝迫切，待命之至。謹呈武漢政治分會主席李。株萍鐵路員工代表何廉等二百十八人。十七年十月。

株萍鐵路整理方案

謹將株萍鐵路局整理方案繕呈鑒核。竊屬路民七以前路務完善，除開支外尚有贏餘，北交部曾有模範鐵路之獎譽，後因迭遭兵燹，加以去歲一月奉部令歸併湘鄂線，該路對於我路機車車輛不加修理，路枕、橋梁不為購換，期雖未逾一年，屬路已蒙絕大損失。今春復奉部令分管，正擬次第整理，朿蘇有期，詎意始遭共匪揭亂，

繼因洪水為災，以致車利短絀，開支浩繁，入難敷出，
凋象遂陳。茲幸伏莽肅清，革新有領，員工等在路有
年，深知癥結之所在，特擬具整理方案數則如左：

一、屬路前遵照交通部三等局之組織，分五處、
十四課、廠所各一，另設護路隊員司約二百六十
名，工警隊兵約一千四百餘人。

一、現擬裁汰冗員、冗工並酌量歸併機關，以期事
無廢弛，款不虛糜。查工務機務因路線久告完全，
事務較簡，以車務處長兼代機務，總務處長兼代工
務，駐長事務所完全撤消。護路隊歸併警務課，其
職務由該課長兼代工務處，處外併三段為二段，總
計員司撤汰九十餘名，工警裁撤四百六十餘人。
附組織表及員工人數比較表。

一、向商家借款一萬二千元發給退職員工薪餉，由
局填給存餉證，一俟橋梁修復，增加運輸能力，擬
定六個月攤還欠餉。

一、查日前薪水工餉材料及其他費用月需六萬
八千九百餘元，現撙節開支不超過四萬五千元。
附支出既算比較表。

一、規定薪額，除局長仍照交通部頒佈薪水公費
支領外，惟處長一律免支公費津貼，薪水不得超過
二百四十元，課長薪水不得超過一百六十元，課員
薪水不得超過一百二十元，司事、書記等薪水不得
超過四十五元。

一、從速計劃修復湘東木橋以利運輸，估計工程（動工及告成約須兩月）材料共需洋二萬元，其餘款項由屬路自行籌措，或附加橋捐或酌加客貨票價，一俟橋竣即行豁免。

一、湘東橋未修復以前，每日暫定開行列車三次，每列車約計車利五百五十元，日計一千六百五十元，月計四萬九千五百元，收支兩抵，尚有贏四千餘元以作攤還修橋借款。橋成之日，再行加開車次，每日加開四列車或五列車，其餘款購買大宗材料修理已壞機車車輛，抽換橋梁枕木及償還積欠，一年以上定可恢復原日舊觀耳。

株萍鐵路管理局組織表

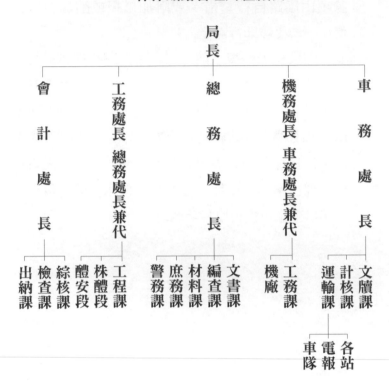

株萍鐵路局支出概數比較表

種別	原有數額	現定數額	附記
薪水	16500	11000	本年因迭遭災害，收入銳減，入難敷出，茲擬酌減以符嚴實，俟湘東橋修復再行擴充購料費，採辦大宗材料修理已壞機車車輛，抽換大批路枕，以妥行車安全。
工餉	25000	18000	
經常材料	8400	6000	
特別材料	12000	6000	
其他材料	7000	4000	
合計	68900	45000	

株萍鐵路局員工人數比較表			
職別	原有數額	現定數額	記事
局長	1	1	擬裁撤處、所長各一名、秘書三名、課員十九名、稽查密查軍事交際員及司事書記四十四名、隊長教練官特務長等六名、檢車員一名、醫員二名、租稅員　名、各站司事五名、報生十二名、工警四百六十名，其裁汰員工五百五十四人。
秘書	3		
處長	4	3	
課長	14	13	
廠長所長	1	1	
課員	44	25	
工務員	4	4	
司事書記	71	27	
車長隊長	9 1	9	
教練官隊附	4 2	1	
巡官	3	3	
機廠監工	1	1	
檢車員	2	1	
醫員	3	1	
租稅員	2	1	
正副站長	16	16	
客貨票驗貨監磅查票員	28	21	
電報生	43	31	
小學教員	4	4	
工人	1440	980	
合計	1701	1143	

（四）湖南省政府電懇准自八月以後所收中央稅款將超過百萬元以外之數留解省庫並飭財委會駐長特務員遵照請核示案（主席提出）

提案理由

據湖南省政府電稱湘省財政昔以收支凌亂，悉數耗於軍用，致無省政可言，自承鈞會依中央國地兩稅劃分案議決，指明稅項及規定收支手續，並議中央稅款整理增收兵工政策施行後按月酌提若干為建設之用。屬府依其主

旨並量湘民經濟力，預計每月必以一百萬元擔任一切軍
費，一方冀達鈞會所定以中央稅款增收留備建設之用，
近幸國稅整理七、八兩月所收，均達一百萬元以上，而
自軍縮案舉辦，退伍軍人日增，須妥籌安輯。除電中央
籌撥鉅款外，務懇鈞會垂念湘省丁此時艱，准自八月以
後所收中央稅款將超過百萬元以外之數悉數留解省庫，
並飭財政委員會駐長特務員遵照俾資兼顧等情到會。應
如何辦理之處，敬候公決。

附原電一件

武漢政治分會主席李鈞鑒。湘省財政昔以收支凌亂，悉
數耗於軍用，致無省政可言，自承鈞會依中央國地兩稅
劃分案議決指明稅項及規定收支手續，並議中央稅收於
整理增收兵工政策施行後按月酌提若干為建設之用，湘
省財政自是始有一線曙光可循途轍，以奠整理基礎。
溯鈞會議決方案行湘後，屬府比即依其主旨以為財務
進行，對於整理中央各項稅收尤盡監督考核之責，注全
力以謀祛弊裕課，並曾審量湘民經濟力，預計每月必以
一百萬元擔任一切軍費，藉抒中央財力，一方即冀達鈞
會所定以中央稅款增收留備建設之用。近幸國稅整理之
進行七、八兩月所收均達一百萬元以上，而自軍縮案省
內外同時舉辦，凡軍籍遣退及其一部分之殘廢軍人皆逐
日增益生機，垂絕呼籲頻來，不為之所則共匪煽誘，遍
地流亡，匪為影響省治安危，甚且牽涉大局。故於此艱
險之際，特設種種安輯之法，以求次第實行，並由財政

整理委員會建議裁兵善後案，擬即日設立殘廢及退伍軍人各項工廠，並積極建築汽車省路以謀兵工政策之分途實施。惟此項經費所需皆省務行政經常費以外之款，以災匪子遺瘡痍未復之湘民，既不能別謀聚斂，而安輯失業，其保養計畫尤迫切於平時，湘治前途實視此為重要關鍵。除電懇中央籌撥巨款外，特用縷呈鈞會務懇垂念湘省丁此時艱，於事實上急切需要，毋可緩急，准自八月以後所收中央稅款將超過百萬元以外之數悉數留解省庫，並飭財政委員會駐長特務員遵照俾資兼顧，庶在消極方面可以弭患無形，而在積極方面亦可著手於省治之建設。臨電神馳，祇候示復。湖南省政府主席魯滌平、委員曾繼梧、何健、劉嶽峙、張定、陳嘉任、劉召圃叩。元印。

（五）請照本會財委會議決劃分湖南國省兩稅徵收原案
　　　將整理增加之國稅撥充湖南安輯退伍軍人及流亡
　　　難民之生產資本經費以資建設而弭共禍案（劉委
　　　員嶽峙提出）（延第三十四次常會）

提案理由

查湖南在此次革命過程中已往之犧牲及將來之艱險，已由省府詳呈鈞會，經轉懇中央撥款救濟，庶足以勉圖安輯，俾子遺得有生路，不至重貽黨國之憂，早為鈞會所垂念，毋庸贅述。惟鈞會所定湖南國地兩稅劃分原案指中央稅收作為軍費及國家行政經費，地方稅收作為地方

行政經費，湖南省府行政綱要因亦有省款不支軍費之規定，現在所應須國家行政經費及關於清鄉勦匪之特別軍費概迫從地方稅收項下撥支，致地方政費如教育、建設各項已依政綱列為預算者胥困於無款支用，竭澤以供軍要，無術兼顧民生，省政設施難期適當，以應請指導辦理者一也。原案定湖南中央稅款整理增收兵工政策實行後按月撥若干作為地方建設之用，現整理增收者月約數十萬元，退伍士兵回湘籍者充盈市里，自應以增收之款實行工業，俾得安生，庶省政得漸趨於建設方面。事經預定，稍有紛岐，則愈增困難，此應請照案准行者二也。又原案湖南鹽稅照依湖北稅率徵收，如有特別情形得另案辦理，現湖南財政委員會因湖南各公法團及一般人民迭次請願，遵查湖南現收鹽稅內每包有五元二角，確係地方附加為教育築路等項之用，並非中央稅款，經呈請省府查案分別照撥，否則須聽人民之呈請酌予取消，就人民負擔艱難言之，本有取消之必要，就原先附加定案言之，亦應以撥作原定用途為宜，財委會前有見於斯，故規定得另案辦理。現以之為安輯民生之用，人民或獲得忍痛輸將，如必以之作為國家稅收，恐強人民以不願，雖欲增收，亦將為難，此應請查案酌察者三也。有以三端，是以湖南省政府委員再三會商專電呈請鈞會俯准暫於湖南中央稅收項下月認撥軍費百萬元，餘則照案撥充省府為安輯民生及退伍士兵之用，擬乞准如所請以裨益湖南省府行政。謹此提出，敬候公決。

（六）請指導湖南中央稅收究應如何設法以資整理案
　　　（劉委員嶽峙提出）

提案理由

查湖南歷來中央地方稅收未及畫分妥定，紊亂無序早達極點，現暫依照畫分定案勉強施行，惟種種牽混弊端都須隨時隨地斟酌情勢。負責處理中央稅收機構直轄於財政委員會，省府財廳雖有監督考核之責，而無直接管理之權，所設駐長特務員不祗拿管收支事項，欲專責成以積極整頓，事實上殊感困難。即如煙酒鹽稅之無法清收，全省預算案之難於成立，撥支手續時形滯礙，胥為彰明較著者也。究應如何設法以資整理之處，相應提出，敬候公決。

議決案

日　　期　　十七年十月十九日（星期五）下午一時
地　　點　　本會
出席委員　　李宗仁　張知本　胡宗鐸　劉嶽峙　張華輔
　　　　　　嚴　重
請假委員　　白崇禧　魯滌平　李隆建　陳紹寬
主　　席　　李宗仁
秘　書　長　　翁敬棠
紀　　錄　　李載民　林眾可

主席恭讀總理遺囑，宣告開會。

秘書長報告處理事務並執行第三十七次常會議決各案經過。

討論議事日程

（一）嚴禁兩湖從政人員吃食鴉片案（主席提出）

議決：交兩湖省政府切實嚴禁，並函知第四集團軍總司
令部轉飭所屬一體照辦。

（二）湖南省政府呈電稱該省共匪水旱災禍及公私交困
情形懇頒鉅款賑濟並補助建設事業請核示案（主
席提出）

議決：除由本會通電乞賑，並電中央以湖南劃為特別災
區迅速撥款救濟外，先行由本會撥款五萬元匯交
湖南省政府施放急賑。

（三）湘鄂鐵路管理局為株萍鐵路員司抗命歸併無期路
政橋工無從著手請核示並據株萍鐵路員工何廉等
公呈自行整理請免歸併案（主席提出）

議決：依交通部來電辦理，並轉電湖南魯主席協助接收。

（四）湖南省政府電懇准自八月以後所收中央稅款將超
過百萬元以外之數留解省庫並飭財委會駐長特務
員遵照請核示案（主席提出）

議決：併第五案討論。

（五）請照本會財委會議決劃分湖南國省兩稅徵收原案
將整理增加之國稅撥充湖南安輯退伍軍人及流亡
難民之生產資本經費以資建設而弭共禍案（劉委
員嶽峙提出）

議決：函請第四集團軍總司令部迅速縮編務以軍費逐漸減
　　　少，俾中央稅收在可能範圍內盡量撥充建設經費。

（六）請指導湖南中央稅收究應如何設法以資整理案
　　　（劉委員嶽崤提出）

議決：交財政委員會查照本會第二十六次議決案訂立省
　　　政府監督國稅徵收機關條例，以資整理。

比較重要文件報告

武漢政治分會秘書處逐日處理文書情形，除尋常事件已
列入本會逐日辦事情形表外，茲將處理比較重要文書經
過分類列舉報告如左：

（甲）關於民政者計一件

　（一）湖北賑災委員會呈報該會組織成立啟用關防請
　備案由

　　指令備案。

（乙）關於軍政者計一件

　（一）何師長鍵劉師長建緒等電呈就任第四集團第六
　師正副師長職由

　　電復。

（丙）關於財政者計六件

　（一）財政部函復武漢衞戍司令部呈繳武漢營房建修
　委員會據收茂宸公司鹽款項下已交國庫司轉賑並函軍
　委會補具請款憑單請查明由

　　交財委會。

（二）湖南省政府呈復武羊火車貨捐與統稅不同並非重徵粵漢轉運同業公所呈請各節係出誤會由

交財委會。

（三）湖南省政府呈為該省第一汽車路局呈以鹽稅附加路捐被提路務危險請維持原案由

交財委會。

（四）財政委員會秘書處送到本會交辦文件周報表由

存。

（五）湖南益陽竹木煤行商聯會呈益陽徵收局現行竹木釐率加重請修正由

交財委會。

（六）通泰濟南場鹽商會電請飭榷運局制止裝運蘆鹽入淮由

交財委會。

（丁）關於建設者計四件

（一）第四集團總司令部函為航空處呈成立武漢民用航空協進會請立案由

函復准予備案。

（二）湖北省政府呈復籌備漢長及兩湖全境長途電話案據建設廳呈擬先設武嘉通線直達湘鄂即可與長岳線銜接由

指令仍轉飭該廳迅速分別籌畫辦理，期早觀成。

（三）廣州政治分會電贊同在武漢設立完成粵漢鐵路籌備處由

存候彙辦。

（四）廣東省政府電復贊同設立完成粵漢鐵路籌備處由

存候彙辦。

（戊）關於實業者計一件

（一）湖北省政府呈復陳熊祥等開辦鐵廠案請飭擬詳

細計劃書以便轉飭建廳核示由

照轉。

（己）關於雜件者計五件

（一）北平政治分會元電贊同九二三為北伐完成紀念日由

存。

（二）安徽省政府支電贊同九二三為北伐完成紀念日由

存。

（三）中央政治會議電知嗣後呈送每月工作報告書務

油印五十本以憑分送各委員查閱由

交編輯員遵照辦理。

（四）湖南省政府送到該省邀集黨務人員聯席談話

記錄由

存。

（五）湖南省政府送到該府第三十八次常會記錄由

存。

第三十九次常會

議事日程——十七年十月二十六日（星期五）下午一時開議

（一）擬請籌款協濟湖北賑災委員會暨鄂北工賑委員會
　　　以惠災黎案（主席提出）

（二）湖南省政府呈為懇國府及財部將鹽斤場稅項下從
　　　前原歸湘收之岸稅暫於一定期限內撥規湘省以濟
　　　匱乏請核示案（主席提出）

（三）國立武漢大學校長呈為救濟前武昌中山大學本科
　　　失學學生擬按級補授課程一學期分別代發畢業證
　　　書請核示案（主席提出）

（四）漢口總商會呈為公債條例未奉明令修改懇維持原
　　　案以固國信而釋群疑請示遵案（主席提出）

（五）第四集團軍總司令部函請轉令財政委員會飭江漢口
　　　內地稅局准漢陽兵工廠運漢紫銅免徵堤工附捐案
　　　（主席提出）

提案理由並附件

（一）擬請籌款協濟湖北賑災委員會暨鄂北工賑委員會
　　　以惠災黎案（主席提出）

提案理由

查湖北賑災委員會佳電縷陳本省各縣災患情形請迅予籌
撥款項以資賑濟一案，於本會第三十七次常會提出報告
在案，而鄂北工賑委員會亦積極進行募款以工代賑。該

兩會均屬待款孔殷，不容或緩，擬由本會籌撥協濟以惠
災黎，敬候公決。

（二）湖南省政府呈為懇轉請國府及財部將鹽斤場稅項
　　　下從前原歸湘收之岸稅暫於一定期限內撥歸湘省
　　　以濟匱乏請核示案（主席提出）

提案理由

據湖南省政府呈稱湘省財政自國地兩稅劃分以來，大宗
收入皆移作國稅供支軍用。而省政費用益難支持，目前
要政以安輯失業及被災流亡與省內外退伍兵士為前提，
迭經職府會議非積極籌辦不足以濟匱乏，歷懇轉請國民
政府暨財政部將鹽斤場稅項下從前原歸湘收之每包一元
五角岸稅暫於一定期限內撥歸湘省濟用，俟省治稍有頭
緒，善後諸務就理，仍請歸中央經收等情到會。應如何
辦理之處，敬候公決。

附原呈一件

呈為呈請事。查湘省財政自國地兩稅劃分以來，大宗皆
移作國稅供支軍用，而省政費用之所取給乃日即困乏而
益難支持，顧此猶祇言經常費用，而其情勢之竭蹶已
然。況值訓政之初，種種建設須款尤鉅，目前要政且必
以安輯失業及被災流亡與省內外退伍遣歸之兵士為前
提。溯自前年全湘淪為共黨試驗場，農民生產及經濟力
之破壞，與一般民眾身命財產之摧陷損失，實全國各省
所未有，而現今共匪潛伏勢力猶猖獗於鄰疆邊境，並謀

蠢動於腹地以冀得一逞之機。並查革命軍北伐進展以
還，湘中健兒從征不下數十萬人，現以統一告成，省外
遣歸及省內實行裁編退伍之官佐士卒，惟恃實行兵工政
策以安慰其生計，而奠省治於安全。設措置稍失機宜，
致革命者以前此之犧牲而反絕其生計，或蚩蚩者迫而為
共黨煽惑，再釀亂階，不獨重貽黨國之憂，尤為從事湘
政者之罪，不可逭積。此數因在最短期間內必妥謀善
後，實湘省現今最大問題，抑亦中央必加顧慮之惟一要
務。現已送經職府集議，僉謂非懇中央籌撥鉅款，並就
本省整理收入積極辦理，不足以濟匱乏而救危機。除另
文呈懇照准頒發外，應懇轉請國民政府暨財政部將鹽斤
場稅項下從前原歸湘收之每包一元五角岸稅暫於一定期
限內撥歸湘省濟用，俟省治稍有頭緒，善後諸務就理，
仍請歸中央經收。案關湘省安危，亦即為促進全國建設
免除障礙而資順利起見，已一面函請財政部准予施行，
用特縷陳伏祈察核照准指令祗遵。謹呈中央政治會議武
漢分會。湖南省政府主席魯滌平、財政廳廳長劉嶽峙。

（三）國立武漢大學校長呈為救濟前武昌中山大學本科
　　　失學學生擬按級補授課程一學期分別代發畢業證
　　　書請核示案（主席提出）

提案理由

據代理國立武漢大學校長劉樹杞呈略稱查前武昌中大本
科失學學生曾由屬校擬具收容及補足學期各計劃，經呈

奉大學院核准在案，茲據該校失學學生尚有多數請求設法救濟以免向隅，屬校乃特開臨時校務會議議，決凡前在中大本科已滿四年級生補課一學期，作為本科畢業給以證書。四年級上學期及二年級學生補課一學期亦得畢業，但證書上須注明修業年限。三學期以上學生補課一學期，隨同師範班或專門部畢業，給以畢業證書。以上各項證書概用前中山大學名義，由屬校呈請大學院核准，再由湖北教育廳代發。除呈大學院外，理合呈請鈞會核示祇遵等情到會。應如何辦理之處，敬請公決。

附代理國立武漢大學校長劉樹杞原呈一件

呈為救濟前武昌中山大學本科失學學生，擬按級補授課程一學期分別代行發給畢業證書仰祈核示事。查前武昌中大本科失學學生曾由屬大學擬具增設本科一二年級收容肄業，並補足師範科與專門部一學期畢業各計劃以資救濟，業經呈請大學院核准在案。茲據該失學學生尚有多數，而稱牽於時局，迫於生計，既不能長期求學，又不願盡棄前功，環懇設法救濟以免向隅。屬大學憐其半途廢學之苦，不得不為一時權變之圖，特交第三次臨時校務會議議決，凡前在中大本科已滿四年級學生補課一學期，作為本科畢業給以本科畢業證書。四年級上學期及三年級學生補課一學期亦得畢業，但證書上須注明修業年限。三學期以上學生補課一學期，隨同師範班或專門部畢業，給以畢業證書。以上各項證書概用前中山大學名義，由屬大學呈請大學院核准，再由湖北教育廳代

發。所擬是否有當，除呈大學院外，理合呈請鈞會核示
祗遵。謹呈中央政治會議武漢分會。代理國立武漢大學
校長劉樹杞。

（四）漢口總商會呈為公債條例未奉明令修改懇維持原案以固國信而釋群疑乞示遵案（主席提出）

提案理由

據漢口總商會、漢口銀行公會呈略稱准整理湖北金融公
債基金保管委員會公函以奉鈞會訓令令將湖北官錢局產
業執照契約交由湖北財政廳保管等因。查公會前因財政
會議有變更整理湖北金融、湖北財政兩公債條例之說，
曾經電請主持，旋奉財部震電內開所陳各節似有誤會，
在中央財政計劃未有明令實施以前，各項公債當然仍照
原案辦理，並奉財委會函轉部電各等因。現財廳請求發
還，自係震電尚未到鄂，惟有仰懇力予主持，就財部震
電切實解釋，以鎮人心而免誤會，乞鑒核批示施行等情
到會。應如何辦理之處，敬請公決。

附漢口總商會漢口銀行公會原呈一件

呈為公債條例為奉明令修改，應懇維持原案以固國信而
釋群疑事。竊准國民政府整理湖北金融公債基金管理委
員會公函以奉鈞會訓令案據湖北省政府呈請發還湖北官
錢局產業執照契約，經第二十四次常會議決根據全國財
政會議原案，令基委會將湖北官錢局產業執照契約交
由湖北財政廳保管等因，相應鈔原發財廳提議暨財政

會議審查兩項原案函達查照等因。查公會前因財政會議有變更整理湖北金融整理、湖北財政兩公債條例之說，以為國家財政威信關係綦重，經分電呼籲請求主持。旋於九月十二日奉財政部震電內開所陳各節似有誤會，在中央財政計劃未有明令實施以前，各項公債當然按原案辦理。除電知武漢政治分會財政委員會外，特此電復等因。並奉財委會函轉財部電同前因，詳細繹讀，始恍然於行政系統上，公會確有誤會之點。謹按全國財政會議係財政部召集之會議，財政部為國府行政機關之一部，至整理湖北金融公債乃中央發行之公債，亦即財政會議通過案內所謂有確實擔保之內債，其條例經中央執行委員國府委員聯席會議議決，由財政部明令公布，即基委會之組織法亦係中央政治會議議決通過。由此觀之，此項條例既與中央一切法規無稍差異，而財部震電之意思亦明示以財政會議之議決與中央明令之實施顯有區別，茲於財政會議規程第十三條本會議議決事項由財政部分別採擇施行一語，即可想見大概若就財政會議議案而言，關於審查全國經濟會議之公債股議決七案，其通過者類如有確實擔保之內外國債應照原案履行。又國府所發債券因革命期內情形特殊，有以省產為擔保者，仍照原案繼續有效，均於國省債案之內著有專條可見，履行原案是為政府大體主張，益以見債案所關至鉅，未可因議決而認為實施，此公會誤會之所在也。至於湖北官錢局產業全部指定為金融公債擔保之一，此次財政會議雖

屬議決發還，但揆之財部震電應如何而後發還，似尚在中央計畫之中。且金融公債為中央遷鄂第一次財政大計，其還本付息基金已規定於中央議決條例，即令有所變更，恐非僅財政會議之議決所能實現。今財廳請求發還，自係尚未奉到財部震電，如震電早日到鄂，得由鈞會轉行知照，則財廳對於法治程序亦必將是案待諸中央明令也。抑有進者，公債條例指定基金原為昭示國家債信起見，倘未經明令修改，遽使基金動搖，持票人必大起恐慌，市面金融即無形影響。甚至金融公債開其先例，其他中央所發行之公債，人人必視為公布條例，無論何時何地均可隨意變更，失其保障。不獨公債前途莫大防礙，即國家財政計畫亦將間接不利。況此項金融債票完全散布在鄂，迄今流通均有相當價格，萬一中央辦法未定而債基先搖，則債價勢必立見低落，是中央原欲發行公債救濟湖北之困難者，轉使吾鄂因此先受其害矣。商會等為尊崇國家威信計，為鞏固金融根本計，更以同處基委產生機關之地位，隱然負有上下委託之責任。再三籌慮，因思鈞會與中央同屬一體，惟有仰懇統籌全局力予主持，或就財部震電切實解釋，庶足以鎮定人心而不致發生誤會。除呈武漢政治分會財政委員會外，理合會呈敬祈鑒核批示施行，不勝感戴之至。謹呈中央政治會議武漢分會。漢口總商會、漢口銀行公會。

（五）第四集團軍總司令部函請轉令財政委員會飭江漢口
　　　內地稅局准漢陽兵工廠運漢紫銅免徵堤工附捐案
　　　（主席提出）

提案理由

准國民革命軍第四集團軍總司令部函開據漢陽兵工廠廠
長呈稱職廠近向漢口元泰五金號訂購紫銅五十噸，計
八百四十擔，業運到漢，所定價值祇將稅項併入，已由
該號照完，此外堤工附捐實未加入價內。蓋以購用紫銅
係為製造軍火，且廠費困難，不得不力求撙節藉紓財
力，敬乞咨請政治分會令由財政委員會轉飭江漢口內地
稅局准將前項紫銅免徵堤工附捐，以維製造等情。查該
廠所稱均屬實情，相應函請貴會令行財政委員會轉飭辦
理等由到會。應如何辦理之處，敬候公決。

附原函一件

逕啟者。案據漢陽兵工廠廠長鄧演存呈稱竊職廠現經訂
購漢口元泰五金號紫銅五十噸，計八百四十擔，業運到
漢，所定價值祇將稅項併入，固已由該號照完，此外堤
工附捐實未加入價內。蓋以購用紫銅係為製造軍火，且
廠費困難，不得不力求撙節，藉紓財力。理合具文呈
祈鈞部俯賜咨請武漢政治分會令由財政委員會轉飭江漢
口內地稅局，准將職廠現購該項紫銅五十噸免徵堤工附
捐，以維製造等情。據此查該廠所購紫銅係為製造之
用，且廠費困難亦係實情，相應函請貴會查核，令由財
政委員會轉飭江漢口內地稅局，准將該廠紫銅五十噸免

徵堤工附捐，至紉公誼。此致武漢政治分會李宗仁。

議決案

日　　期　十七年十月二十六日（星期五）下午一時

地　　點　本會

出席委員　李宗仁　胡宗鐸　張華輔

請假委員　白崇禧　陳紹寬　魯滌平　李隆建　劉嶽峙

　　　　　張知本　嚴重

主　　席　李宗仁

秘書長　翁敬棠因赴湖北縣長考試委員會典試，由總務

　　　　　科長王遜志暫代

紀　　錄　李載民　林眾可

主席恭讀總理遺囑，宣告開會。

秘書長報告處理事務並執行第三十八次常會議決各案經過。

討論議事日程

（一）擬請籌款協濟湖北賑災委員會暨鄂北工賑委員會

　　　以惠災黎案（主席提出）

議決：由本會撥款三萬元，交湖北賑災委員會暨鄂北工

　　　賑委員會散放以資協濟。

（二）湖南省政府呈為懇國府及財部將鹽斤場稅項下從

　　　前原歸湘收之岸稅暫於一定期限內撥歸湘省以濟

　　　匱乏請核示案（主席提出）

議決：據情電轉財政部。

（三）國立武漢大學校長呈為救濟前武昌中山大學本科
　　　失學學生擬按級補授課程一學期分別代發畢業證
　　　書請核示案（主席提出）

議決：仰候大學院核示。

（四）漢口總商會呈為公債條例未奉明令修改懇維持原
　　　案以固國信而釋群疑請示遵案（主席提出）

議決：交財政委員會查明擬復核辦。

（五）第四集團軍總司令部函請轉令財政委員會飭江漢
　　　口內地稅局准漢陽兵工廠運漢紫銅免徵堤工附捐
　　　案（主席提出）

議決：照辦。

比較重要文件報告

武漢政治分會秘書處逐日處理文書情形，除尋常事件已
列入本會逐日辦事情形表外，茲將處理比較重要文書經
過分類列舉報告如左：

（甲）關於民政者計七件

　（一）湖南省政府委員兼民政廳長陳嘉任因病辭民政
廳長兼職由

已電中央政治會議。

　（二）湖北省政府呈為湖南急賑委員會電懇抽收兩湖
特稅附加一成賑濟湘災據湖北禁煙局呈以禁煙條例廢
止附加已失時效呈復鑒核由

轉湖南急賑委員，並交財委會查照，並指令。

（三）利川縣第一區公民代表代電陳該區團董汪灼巷
之妻丁女士不屈淫威被匪戕殺懇旌表由

應予旌表，交總務科核辦。

（四）竹谿縣縣長呈報該縣迭受匪禍旱災各情形由

轉湖北賑災委員會。

（五）湖南駐寶特商籌備處主任曾振志等呈為閱報載
限至本年十一月底止實行禁煙特陳困難情形懇緩期限
以保特商財產生命由

令湖南省政府核辦，並批。

（六）長沙特商代表鄭寶泉等呈為遵令禁煙損失浩繁
懇俯恤商艱稍展期限由

令湖南省政府核辦具覆，並批。

（七）湖北省政府呈為石首縣公民徐壽臣等呈請撤銷楊
林市兩湖米捐分所一案懇請轉飭湖南省政府將在鄂境所
設之米捐分局一律暫停徵收以維民食呈請鑒核示遵由

交財委會。

（乙）關於財政者計六件

（一）財政委員會呈賫湖北省中央稅收及武漢市金融
趨勢各統計圖表請鑒核備案由

指令備案。

（二）湖北禁煙總局代電為湖北印花稅局徵收特業憑
證印花稅竟令流氓包辦特花勒貼應如何辦理乞示由

交財委會。

（三）馮子恭麥煥章呈請速撥捲筒機搬運費約七百元以便提回裝置由

奉主席諭，令財委會照撥。

（四）鄂岸榷運局長黃經明呈為接任瞬屆半年所有辦理經過情形撮要摺陳由

交財委會。

（五）駐漢中日實業公司代表古幡景美函為諶家磯造紙廠借款已逾償還期限請迅示辦法由

交財委會。

（六）財政委員會呈復支出黨務經費標準及事實無力撥付湘省黨費請核示由

轉令湖南省政府，並指令。

（丙）關於教育者計二件

（一）湖南教育廳長張炯定於本月二十三日補行宣誓典禮懇派員監誓由

奉主席諭，電覆派劉委員嶽峙監誓。

（二）國立武漢大學校長呈為前武昌中大醫科學生丁文玉等轉學廣州中大呈請預支津貼各四十元乞核示由

指令應予照准，並交財委會查照。

（丁）關於建設者計二件

（一）漢平鐵路局呈覆湖北財廳轉請對於運輸硝磺仍照普通貨物納費案以未敢擅更部令函覆該廳請鑒核轉知由

轉湖北省政府。

（二）交通部養電覆派湘鄂局長方遼智副局長龍滌英

為該部代表參加籌備完成粵漢鐵路由

提出報告。

（戊）關於司法者計一件

（一）湖南祁陽人民蕭周氏等呈為蕭呰人事混入赤黨抄攄橫行一案延滯未結訴久冤深籲懇飭令督促嚴拿解送依法速辦由

令湖南清鄉督辦核辦，並批。

（己）關於雜件計五件

（一）中央政治會議函覆本會呈送兩湖施政大綱准備案由

分行兩湖省政府查照。

（二）中央政治會議函覆本會呈送兩湖行政官吏考成條例准備案並將條例函交立法院備參考由

分行兩湖省政府查照。

（三）湖南湘鄉鎮團總公民代表王大椿等呈為該縣黨務指導常委王國燾等指導無方解釋失當摧殘正紳懇派員澈查嚴懲以重清鄉而維黨紀由

令湖南省政府查明核辦具報。

（四）湖北省政府送到該府第五十一次會議紀錄由

存。

（五）湖南省政府送到該府第三十九次會議紀錄由

存。

第四十次常會

議決案

日　　期　十七年十一月六日（星期二）下午一時
地　　點　本會
出席委員　李宗仁　張知本　胡宗鐸　張華輔
請假委員　白崇禧　陳紹寬　魯滌平　李隆建　劉嶽峙
　　　　　嚴重
主　　席　李宗仁
秘書長　翁敬棠
紀　　錄　李載民　林眾可

主席恭讀總理遺囑，宣告開會。
秘書長報告處理事務並執行第三十九次常會議決各案經過。

討論議事日程

（一）擬建議國民政府援照華北賑災先例酌加關稅附捐
　　　撥為工賑之用案（主席提出）
議決：建議國民政府飭外財兩部統籌辦理。
（二）粵漢鐵路促成會委員周震麟等電請將鹽稅撥作粵
　　　漢路湘粵段建築費用案（主席提出）
議決：電復。

（三）武漢電話局長擬恢復武昌電話局敬陳管見乞察核
　　　示遵案（主席提出）

議決：轉行武漢市政委員會查核具覆。

（四）湖北電政管理局呈為建委會擬設宜昌無線電台懇轉
　　　請改設施南或老河口以利公共通訊案（主席提出）

議決：轉電建設委員會。

（五）鄂北工賑委員會呈請通令所屬機關攤認薪股建設
　　　汽車公路案（主席提出）

議決：修正通過。

臨時動議

（一）暫不公布

第四十一次常會

議決案

日　　期　十七年十一月九日（星期五）下午一時
地　　點　本會
出席委員　李宗仁　張知本　張華輔
請假委員　白崇禧　陳紹寬　魯滌平　李隆建　劉嶽峙
　　　　　嚴　重　胡宗鐸
主　　席　李宗仁
秘 書 長　翁敬棠
紀　　錄　李載民　林眾可

主席恭讀總理遺囑，宣告開會。
秘書長報告處理事務並執行第四十次常會議決各案經過。

討論議事日程

（一）提倡國貨辦法案（主席提出）
議決：甲、電呈中央黨部，建議於此次所頒黨部工作綱
　　　　要各種運動外，增加提倡國貨運動一項。
　　　乙、函請兩湖省市黨部令所屬各級黨部切實向民
　　　　眾宣傳提倡國貨。
　　　丙、通令兩湖各機關注意用國貨，並令兩湖商會
　　　　嚴禁商人利用提倡國貨機會抬高國貨物品價值。

（二）擬電工商部上海國貨展覽會閉幕後移漢開會並將
　　　兩湖物產展覽會併入舉行案（主席提出）

議決：電工商部，並令兩湖省政府轉令兩省建設廳暨總
　　　商會積極徵集兩湖物品，以便同時展覽。

（三）擬籌辦平糶並令武漢市政委員會嚴禁米商壟斷居
　　　奇以惠貧民案（主席提出）

議決：照辦。

（四）湖南全省商會聯合會電請暫勿裁撤湘省清鄉督辦
　　　公署案（主席提出）

議決：根據該會電請轉詢湖南省政府暨清鄉督辦署。

（五）財委會呈為省屬黨務經費請仍由地方稅款項下撥
　　　付案（主席提出）

議決：交兩湖省政府查照。

附提案理由

（一）提倡國貨辦法案（主席提出）

吾國貧弱之源實由外來經濟力之侵入，比年以來，洋貨
輸入繼長，增高外力壓迫尤為顯著。總理民族主義第二
講所以昭示吾人者語至深切，海內人士近已咸認提倡國
貨為救國之要務，政府方面亦嘗迭申告誥然，而奢靡之
尚、歐化之風如水就下，積重難返。推原其故，大底由
於提倡者多託空言，無切實辦法，大多數商人既以趨利
為事，競為洋貨推廣銷場，普通民眾復溺於歷來服食起
居之便，未能驟易其習慣，或則於國貨、洋貨之間素乏

鑒別，不知何者應取何者應捨，以故日言提倡國貨，而
洋貨銷場日益以廣，甚或真正國產，頓歸廢滯，反使冒
稱國貨者充溢市場。長此以往，本國實業何由發達，經
濟壓迫安能解除。茲擬先就本會範圍所及擬具提倡國貨
綱要如左：

一、現在中央黨部所頒下層黨部工作綱要有識字、
造林、造路、合作、保甲、衛生諸運動，擬由本會
建議中央於各項運動外加入提倡國貨運動，並函請
兩湖各級黨部對於民眾為提倡國貨之切實宣傳。

一、由本會通飭兩湖各機關所有在公人員個人及家
族之日用物品應儘量購用國貨，否者應予以申儆或
名譽上之制裁。

一、所有兩湖各機關經辦庶務人員關於公用物品不
得採購洋貨，倘遇必需之品確為國貨所無者，應先
事呈報各該管長官核辦，違者酌予處分。

一、飭行兩湖商會將所有國產物品分類列表，揭示
價值廣為宣播，並嚴禁各商人不得藉提倡國貨機會
對於國貨物品有高價居奇之舉。

右述辦法撮舉大要，將來施行時尚應釐定完密之手續。
是否有當，敬候公決。

（二）擬電工商部上海國貨展覽會閉幕後移漢開會並將
　　　兩湖物產展覽會併入舉行案（主席提出）
本會前為獎進兩湖產殖起見，曾有籌設兩湖物產展覽會

之舉辦，經第十七次常會議決飭行兩省政府轉飭各該省商會籌劃，務期實現，並由本會製定籌備大綱分行在案。查此項展覽會之設在於引起人民觀摩競進之心，而收生產事業發達之效用，意至為宏遠，而於今日舉國所主張之提倡國貨一事尤有深切關係。良以普通民眾對於國產物品素乏明確認識，遇有需要之時，每不審何種國貨可以適用，雖懷愛重土物之心，輒感難於實行之苦。今萃各地物產於一堂，類別部居，使入覽者知所取舍，詎非至便之事。故為提倡國貨計，此項展覽會有不能不亟為籌辦者也。惟茲事規模宏大，經始觀成，諸多勞費，聞工商部在上海所開國貨展覽會本省遷地巡迴展覽之議，武漢為商業中心，縮轂南北，尤應從速繼續舉行，以資提倡。擬電請工商部飭知該會人員於滬會閉幕後移漢展覽，即將本會擬辦之兩湖物產展覽會附入該會舉行，而於佈置陳設之間對兩湖物產特加注重。一面飭行兩省國貨展覽會原籌備員應就從前已徵各物品外補行蒐羅送會陳列，務期完備以收獎進兩湖產殖之效，似此一轉移間事半功倍，切實易行。是否有當，敬候公決。

比較重要文件之報告

關於民政者

一、湖北民政廳呈為奉令調查戶口一案擬俟各縣秩序回復後督飭剋期辦竣呈復核轉由

轉民政部並指令。

二、湖南匪災急賑委員會呈賷已受急賑各署匪災概況
一本並附圖表照片祈鑒核由

轉函內政部暨賑務處。

三、魯滌平電謝撥款賑災仍懇時促中央迅頒鉅款施賑由

存。

四、漢口旅棧同業商會呈為夏口縣清鄉委員會以籌辦
保衛團勒收棧捐瀝陳痛苦情形由

交湖北省清鄉督辦署查明核辦。

關於外交者

一、湖南省政府魯主席呈為該省交涉員李芳呈以該署
經費不敷支給懇准提列乙等開支請核示由

轉函外交部。

關於財政者

一、閻錫山電請將第三集團軍駐漢採辦處由滬起運到
漢材料應納新稅及堤捐一律免納由

交財委會。

二、魯滌平何健電為據湘鄉縣長田稷豐電稱該縣挨戶
團架設電話派員赴漢購買材料請給免稅護照乞電示由

交財委會。

三、財政委員會函送九月份收支清冊希查核由

存。

四、國民政府文官電達國府通令各省限期清理田賦請
查照由

存。

五、財政部函復武昌造幣廠長王育瓚擅賣廢鐵免職查
辦案已派科長蔡道鈞前赴該廠清查請查照由

交財委會。

六、湖北建設廳長呈復前呈提倡湖北省蠶業計畫書內
數目錯誤請分別更正由

照轉並指令。

七、湖北建設廳長呈為擬設蠶桑學校等援例由江漢關撥
款辦理案齎呈計畫書請轉外交財政兩部令飭海關照撥由

照轉並指令。

八、財政委員會秘書處送到本會交辦文件週報表一紙
提出報告

九、湖北電政管理局呈復遵將湖北電政區各局每月收
支狀況詳細列表請鑒核由

交張秘書查核後再行核辦。

十、荊沙關監督兼荊沙口地稅局局長何家駒請開去本
兼兩職由

交財委會。

十一、湖南省黨務指導委員會函送該省黨務經費月支概
數表請令駐湘特務員按月由中央稅收項下照案發給由

交財委會。

十二、江漢關監督呈為籌撥關稅建設湖北蠶業學校茲
准該稅務司抄送呈總務司文一件請察核由

轉令湖北建設廳。

關於軍政者

一、湖北省政府主席呈為清理漢冶萍湖北債捐委員會請發還萍豐輪駁案請迅轉海軍司令部將各輪發還由

轉函海軍司令部。

二、第四集團軍總司令函為湖北高等法院呈請撥給第一分監槍彈案准由軍械局撥步槍十枝子彈千粒請飭具領由

轉行知照。

關於實業者

一、農礦部函為萍礦救濟辦法一案業經令催整理漢冶萍公司委員會迅即開會辦理請查照由

轉行湖南省政府。

關於建設者

一、交通部委員會何清華電陳株萍路歸併湘鄂路案已由劉局長競西指定負責人員交由梁永璋等接收爰即離醴回京乞鑒核由

存。

二、漢平鐵路局呈復該局扣撥萍鄉礦局煤價案均有憑據懇轉飭該局知照由

轉行知照並指令。

三、交通部函覆已令湘鄂局趕速修復湘東橋由

轉行河南省政府。

四、武漢民用航空協進會呈報該會成立由

准予備案。

關於司法者

一、湖北高等法院首席檢察官鄧濟安呈復前湖北印花稅局長譚仲績貪汙一案查案內人犯俱已遠颺請協輯訊辦由

令兩湖省政府暨各機關，並函第四集團軍總司令部。

二、湖南高等法院長陳長簇呈復該省司法整理情形祈核示由

指令呈悉。

關於雜件者

一、第四集團軍總部辦公廳函抄送黃主席紹雄贊同九二三紀念巧電希查核由

彙存。

二、第四集團軍總部函據殘廢軍人教養院請撥漢口貧民工廠為院址案請核復由

轉武漢市政委員會核辦。

三、廣東省政府梗電復專電中央贊同九二三紀念日由

彙存。

四、中央政治會議秘書處請定九二三為北伐完成紀念日一案准中央執委會函覆候提交第三次國民代表大會決定請查照並轉知第四集團軍總部

分別轉行查照。

五、中央執委會宣傳部電達製定總理誕辰標語十四條希遵用並分行所屬知照由

通行黨軍政各機關。

六、國民政府漾電為承各方期許益切冰淵望共圖上理由
電復。

七、內政部函為河北唐山縣改為堯山縣請轉飭所屬知照由
分令兩湖省政府，並函第四集團軍總司令部。

八、湖南省清鄉督辦呈報共黨陰謀混入民眾團體乞轉
呈中央並通令各機關從嚴清查由
分別轉呈。

九、湖北省政府送到該府第五十三次政務會議議事錄由
摘要報告。

十、湖北省政府送到該府第五十四次會議議事錄由
摘要報告。

十一、湖南省政府送到該府第四十次政務會議議事錄由
摘要報告。

十二、湖南省政府送到該府第四十一次政務會議議事
錄由
摘要報告。

第四十二次常會

議決案

日　　期　十七年十一月十三日（星期二）下午一時

地　　點　本會

出席委員　李宗仁　張知本　胡宗鐸　張華輔

請假委員　白崇禧　陳紹寬　魯滌平　李隆建　劉嶽峙
　　　　　嚴　重

主　　席　李宗仁

秘　書　長　翁敬棠

紀　　錄　李載民　林眾可

主席恭讀總理遺囑，宣告開會。

秘書長報告處理事務並執行第四十一次常會議決各案經過。

討論議事日程

（一）擬建議國民政府所有軍用徵發物品應通令發還以
　　　重人民權利案（主席提出）

議決：照辦。

（二）鄂西行政委員等呈請擬在宜昌設立報館請派員主
　　　辦案（主席提出）

議決：交中山、民國兩日報社會議具復。

（三）交通部電為開辦西北無線電分處令武漢電話總局
　　　撥款協濟希令飭該局照辦案（主席提出）
議決：交武漢市政委員會查核具復。
（四）漢口總商會呈為鄂省旱災遼闊湘省禁米出境民食
　　　恐慌請設法維持案（主席提出）
議決：電詢湖南省政府後再行核辦。
（五）國立武漢大學校長呈擬具優待貧苦學生辦法請核
　　　示案（主席提出）
議決：仍遵照大學通則辦理。

比較重要文件之報告

關於民政者
　一、湖南民政廳長曾繼吾呈報就職日期由
　電復。
　二、湖南南縣黨務指委會委員全世檀代電為共產黨放
　火延燒房屋數萬間乞賑濟由
　令湖南省政府核辦並代電。
關於軍政者
　一、湖北省政府呈為據情呈請分行海軍總司令軍事委
　員及第七等軍軍部發還楚振等艦及鄂巡等輪駁以便江
　防之用由
　擬分別函轉並指令。

二、湖北省政府呈據江防局長請轉第十二軍將江防楚
安輪歸還省有請鑒核由

轉函第四集團軍總司令部，並指令。

三、湖南清鄉督辦呈為據常德縣長鍾忠呈據自首共犯
羅鈞呈敘劉元侃附共各情請鑒核由

存查。

四、鄂西行政委員姜玉笙電據恩施縣長汪龍蟠電稱李
軍全部回黔神共急思蠢動懇召勁旅鎮攝等語轉呈乞電
示由

轉第四集團軍司令部並電復。

關於財政者

一、財政部函復財委會呈得利輪載運私鹽一案既經榷
運局分別處分姑予變通辦法惟船隻人犯呈請召章充公
嚴辦嗣後處分私鹽應恪遵財部皓電辦理希查點由

交財委會。

二、財政委員會呈為遵撥湖南賑款五萬元已咨請湘省
政府據領請備案由

指令呈悉。

三、湖北省政府呈為整理湖北金融公債基金管理委員
會將官錢局產業執照契約交由財廳保管一案經議該會
聲述延交理由未便強行接收請鑒核由

將前後情形函達財政部，並指令。

四、湖南煙業公會電請酌減稅費並停徵附稅候示遵由

交財委會。

五、湖南省政府魯主席建設廳劉廳長電為江漢關勒繳
該省解運國貨展覽出品保證金懇飭立予放行由
轉行江漢關核辦並電復。

六、湖南省政府魯主席財政廳劉廳長呈復該省特貨附
加賑捐應照案辦理以惠災黎請備案由
交財委會。

七、國立武漢大學呈為前武昌大學欠付德商興華儀器
價款如何辦理祈核示由
交財委會核議具覆以憑轉飭遵照。

八、湘岸榷運總局長胡星池呈為每月鹽款撥盡無餘不
能攤還外債懇轉商財部免予撥解由
交財委會。

九、駐漢英領事翟蘭恩函為湖北煙酒局扣留已納稅洋
酒請飭令發還由
交交涉署轉復。

十、湖南魯主席電陳辦理湘省淮商債務案經過情形係
為剔除中飽化私為公請電財政部主持俾得澈底清理由
轉電財政部，並交財委會查照。

十一、吳兆麟呈為確係民產懇准發還由
交湖北省政府轉飭逆產審查委員會審查核辦。

十二、何佩璿呈陳所有財產不應沒收祈令湖北逆產委
員會全數發還由
交湖北省政府轉飭逆產審查委員會審查核辦。

關於建設者

一、粵漢鐵路促成委員會周震麟等電贊成粵湘鄂三省政府派員在武漢組設完成粵漢鐵路籌備處由

存。

二、交通部委員何清華代電呈報株萍鐵路接收就緒以後一切興革由方達智龍滌英整理由

代電復。

三、湘鄂鐵路局正副局長呈陳奉部派職等參加籌設完成粵漢鐵路籌備處請鑒核由

指令俟組織時再行通知。

關於實業者

一、湖北官紙局呈為勵行官紙專賣擬具統一官紙條例呈請鑒核施行由

據情轉行各機關，並指令。

關於司法者

一、湖北高等法院首席檢察官呈復三北公司長安輪淹沒第四十四軍退伍兵案業經偵查終結提起公訴請鑒核由

轉函第四集團軍總司令部，並指令。

關於雜件者

一、漢平鐵路局呈復查明楊德甫並無在該路組織特別黨部及撞騙情事乞查核由

呈請中央，並指令。

二、湖北省政府送到該府第五十五次政務會議紀錄

擇要報告。

三、湖南省政府送到第四十二次常會紀錄

擇要報告。

四、湖南省政府送到該省黨政聯席會議並四十三次常
會各紀錄

擇要報告。

五、國民政府文官處電達中央最近政情由

提出報告。

第四十三次常會

議決案

日　　期　十七年十一月十六日（星期五）下午一時
地　　點　本會
出席委員　李宗仁　　張知本　　胡宗鐸　　張華輔
請假委員　白崇禧　　陳紹寬　　魯滌平　　李隆建　　劉嶽峙
　　　　　嚴　重
主　　席　李宗仁
秘書長　　翁敬棠
紀　　錄　李載民　　林眾可

主席恭讀總理遺囑，宣告開會。
秘書長報告處理事務並執行第四十二次常會議決各案經過。

討論議事日程

（一）湖南省政府暨全省清鄉督辦署呈為該署擬於十一
　　　月底結束請轉咨並示遵案（主席提出）
議決：應如來電所請轉函第四集團軍總司令部。
（二）湖北省政府賚呈湖北省銀行組織大綱暨銀行監理
　　　章程請核轉備案案（主席提出）
議決：准予備案。
（三）第四集團軍總司令部函送該部交通處長擬具漢口

廣播無線電台計劃意見書請核辦案（主席提出）

議決：函復著該處長籌劃辦理。

（四）據本會秘書張有桐為漢口電政管理局呈復收入銳
　　　減無款撥修湘境電線案（主席提出）

議決：據情轉電交通部。

比較重要文件之報告

甲、關於民政者計九件

一、湖北省政府張主席呈復奉令呈報被災各縣詳情並
電中央請賑一案已轉令民政廳遵辦並准國府賑務處覆
電稱俟籌有賑款再行核撥請鑒核由

指令呈悉。

二、中央政治會議函覆本會呈送兩湖懲治貪污暫行條
例請追認一案業經提出修正通過請查照由

轉行兩湖省政府。

三、中央政治會議電復請發庫帑賑濟兩湖災黎一案經
議交國府賑務處核辦請查照由

轉行兩湖省政府。

四、行政院電復賑務極深軫念已交內政部統籌協濟由

轉行兩湖省政府。

五、李濟琛電復湘鄂災歉極深憫念已函籌賑處速籌賑助由

復電致謝。

六、馮玉祥電請飭屬開放鄂北米禁以惠南陽災黎乞復由

交湖北省政府查明呈復以憑轉復。

七、閻錫山電復當竭綿薄拯救湘鄂災黎由

存。

八、陝西省政府主席宋哲元電復該省旱災與湘鄂災情
相同希亮察由

存查。

九、漢口市黨務指導委員會函復極力援助救濟兩湖災
黎希查照由

存。

乙、關於軍政者計四件

一、國民革命軍總部函為轉送前襄宛剿匪總司令部提
用襄陽煙酒稅款印收送還乞見復由

交財委會。

二、財政部函復為第四集團軍總部請撥冬服費
一百八十餘萬元一案經提交預算委員會核辦希轉致由

交財委會。

三、略

四、湖南衡永郴桂二十五縣公民雷鑄寰等電請緩徹該
省清鄉督辦屬以期肅清匪共由

查照第四十一次議決案批覆。

丙、關於財政者計五件

一、略

二、財政委員會送到本會交辦文件週報表二紙

提出報告。

三、財政委員會駐長特務員送到十月份收支四柱清冊由

存查。

四、湖南省政府魯主席教育廳張廳長呈為上海群治大學賽呈前北京財部津貼萬元支票懇轉由湖南榷運局或禁煙局如額兌撥轉請核轉由

交財委會。

五、武漢圖書編印館呈為遵令負責保管印報捲筒機懇撥給保險費由

指令仰將保險合同呈報，以便交財委會核發。

丁、關於雜件者計一件

一、湖北省政府送到該府第五十六次政務會議議事錄由

摘要報告。

第四十四次常會

議決案

日　　期　　十七年十一月二十日（星期二）下午一時
地　　點　　本會
出席委員　　李宗仁　張知本　胡宗鐸　張華輔
請假委員　　白崇禧　陳紹寬　魯滌平　李隆建　劉嶽峙
　　　　　　嚴　重
列席人　　　財政委員會委員白志鵾
主　　席　　李宗仁
秘書長　　　翁敬棠
紀　　錄　　李載民　林眾可

主席恭讀總理遺囑，宣告開會。
秘書長報告處理事務並執行第四十三次常會議決各案經過。

討論議事日程

（一）湖北高等法院呈報整理司法辦法請核示案（主席
　　　提出）
議決：准予備案。
（二）湖北省政府呈復民政廳核議因災禁止蒸熬各情請
　　　示遵案（主席提出）
議決：照所擬辦法交財政委員會查照。

（三）暫不公佈

〔（三）漢口市第二特區管理局長宋式軀呈為用人不當
　　　自請議處並請派員查懲不法職員取消偽造議案及
　　　西董勾結舞弊如何處分乞鑒核案（主席提出）

議決：候查明核辦。〕

（四）漢口銀行公會呈請指定審查逆產抵押債權機關並
　　　令逆產審查委員會公布逆產戶名祈示遵案（主席
　　　提出）

議決：交湖北逆產審查委員會查明具復。

（五）湖北公礦局局長呈擬具籌備設廠煉鐵意見書請賜
　　　採擇施行案（主席提出）

議決：仰籌劃辦理。

臨時動議

（一）暫不公布

〔（一）擬電中央政治會議請將程潛解除監視免予查辦
　　　案（主席動議）

議決：通過。〕

比較重要文件之報告

甲、關於民政者計六件

　一、湖北省政府呈報縣長考試及格名冊履歷請核轉內
　政部備案由

　　照轉業指令。

二、武漢市政委員會呈復遵令嚴禁米商囤積操縱祈鑒核由

指令呈悉。

三、中央賑務處電復請賑兩湖重災一案俟籌有賑款彙案核辦由

電復仍請從速辦理。

四、內政部函復湖南匪災急賑委員會呈賚匪災概況及圖表已函轉賑務處核辦請查照由

存。

五、閻錫山電為該省兵旱交侵水患迭見懇代籌款接濟由

電復。

六、廣西急賑委員會電為該省旱災遼闊請贊助由

電復。

乙、關於軍政者計一件

一、湖北全省清鄉督辦署呈報該署十月份執行人犯姓名請備案由

指令呈悉。

丙、關於財政者計九件

一、第四集團軍總司令部函送第三集團軍駐漢採辦處請免由滬運漢物料應繳新稅及堤捐單十五紙請轉財政委員會由

交財委會。

二、第四集團軍總司令部函為前據白總指揮對於蘆鹽運漢銷售請免稅案茲復據電請飭其照例納稅請轉知財

政委員會由

交財委會。

三、財政委員會送到本會交辦文件週報表二紙由

提出報告。

四、財政委員會呈賷本年八月份湖北省中央直轄稅款收入及軍政費支出暨武漢市金融趨勢各統計圖表請備案由

指令備案。

五、國民政府文官處函送湖南益陽黨務指委會請仍將鄂岸榷運局中路鹽稅附加股作為中路各縣教育基金請查照由

交財委會。

六、財政部函復請撥給第四集團軍縮編及編遣各費案經移交預算委員會辦理希轉知由

交財委會。

七、財政部函復第四集團軍總司令部函請籌撥前軍委會上游辦事處經理分處移交案內積欠經費案經移送預算委員會核議希轉知由

交財委會。

八、四川鹽務代表吳煒等呈為鄂岸榷運局改革鹽政對於川鹽運銷楚岸核本定價並增附稅案川商惶恐萬狀請暫行舊法由

交財委會。

九、四川鹽務代表吳煒呈懇維持川鹽暫行舊法准免附

　加候示遵由

　交財委會。

丁、關於雜件者計四件

　一、國府文官處電達中央最近政情由

　提出報告。

　二、張繼電達於十一月九日就平政治分會主席職由

　電賀。

　三、湖北省政府送到該府第五十八次政務會議議事錄由

　摘要報告。

　四、湖南省政府送到該府第四十五六兩次常會紀錄由

　摘要報告。

第四十五次常會

議決案

日　　期　十七年十一月二十七日（星期二）下午一時
地　　點　本會
出席委員　李宗仁　　張知本　　胡宗鐸　　張華輔
請假委員　白崇禧　　陳紹寬　　魯滌平　　李隆建　　劉嶽峙
　　　　　嚴　重
主　　席　李宗仁
秘書長　　翁敬棠
紀　　錄　李載民　　林眾可

主席恭讀總理遺囑，宣告開會。
秘書長報告處理事務並執行第四十四次常會議決各案經過。

討論議事日程
（一）湖北省政府呈遵令指定武昌襄陽宜昌三縣為自治
　　　模範縣並擬具其他各縣設置模範鎮村辦法綱要等
　　　件轉請核示案（主席提出）
議決：交秘書處審查。
（二）工商部長電為中華國貨展覽會移漢開會請斟酌時
　　　期案（主席提出）
議決：電復定十八年二月一日開會。

（三）湖北省政府呈送市政委員會條例章程請備案案
（主席提出）

議決：准予備案。

（四）代理國立武漢大學校長呈為該校組織評議會請派
代表參加祈鑒核案（主席提出）

議決：派秘書長翁敬棠代表參加。

（五）代理國立武漢大學校長呈為遵前大學院令擬具建
築設備委員會組織條例及經費籌集支配方法並實
呈加聘委員名單祈核示案（主席提出）

議決：加聘。

臨時動議

（一）暫不公布

〔（一）兩湖禁煙局應遵限本月底裁撤嗣後禁煙事宜應
如何屬行案（主席動議）

議決：（一）禁煙局限十一月底撤銷。

（二）禁煙局撤銷後所有禁煙事宜仍應繼續屬行，
設立臨時禁煙委員會辦理禁煙事務。

（三）派金宗鼎、何鍵、羅菜、陶鈞、葉波澄為
禁煙委員會委員，指定金宗鼎為主席。〕

比較重要文件之報告

甲、關於民政者計十二件

一、國民政府電為賑務處報告豫陝甘及兩湖災情甚重

經令飭財政部趕籌二百萬元施放急賑並提定關稅為基金籌發公債千萬元撥辦賑務請查照由

分轉兩湖省政府並電謝，盼由財部迅速辦理俾賑災黎。

二、湖南省政府電為該省民食維艱禁米出境奉本會寒電特將辦理情形請鑒核由

提出報告。

三、河北省政府電復本會請賑兩湖災黎一案俟籌有成數當分助由

四、山東省政府電復本會請賑兩湖災黎一案已飭財廳籌賑贊助由

五、浙江省政府代電復本會請賑兩湖災黎案因該省水災籌賑尚難希亮察由

六、江西省政府電復本會請賑湘鄂旱災一案已飭賑災委員會核辦由

七、趙戴文電復本會請關稅附加賑濟兩湖災黎一案已請行政院核議勻配由

八、廣州政分會函復本會請賑兩湖災黎一案已議決交廣東省政府辦理請查照由

九、廣東省政府電復本會請賑兩湖災黎一案已交籌賑處辦理由

以上九條均彙轉兩湖省政府。

十、豫陝甘賑災委員會委員馮玉祥電告成立日期並擬定籌賑辦法希援助由

電復。

十一、內政部函復湖北民政廳復各縣戶口不能一律遵
限辦竣案前經指令該廳務須於本年底竣事仍希轉飭積
極辦理由

轉行湖北民政廳，並復。

十二、林逸聖電呈剷除鄂北貪官汙吏及准民眾密告辦
法布告乞核示由

電復嘉勉。

乙、關於軍政者計十二件

一、軍事委員會函為貴州旅湘公民代表電以四十三軍
李軍長率部回黔民情鼎沸懇明令制止案請查照核辦由

轉送第四集團軍總司令部。

二、第四集團軍總司令部為奉軍委會令所有水警鹽務
巡緝隊及江海商輪嗣後勿仿著海軍制服或濫用艦字請
轉行查照由

分別轉行知照。

三、貴州公民代表蔣永忠等請願書陳訴四十三軍禍黔
事實請明令制止並乞轉呈中央懲辦候示遵由

按第四集團軍總司令部來函批示。

四、第四集團軍總司令部函復鄂西行政委員姜玉笙電
以李軍回黔一案已令馬文德部前往接防希查照由

轉電姜委員。

五、國民政府文官處電復本會請通令徵發軍用品一案
已飭令各軍遵辦由

存，付宣傳。

六、湖南衡永郴桂二十五縣公民雷鑄寰等電緩裁該省
清鄉督辦署由

照議決案批示。

七、湖北清鄉督辦署呈復朱河旅岳難民請剿共匪一案
前已迭令鄂中清鄉嚴司令辦理請鑒核由

指令呈悉。

八、第五路總指揮朱培德電為奉令縮編為師歸中央直
轄總指揮部於本月十日撤銷由

存。

九、李燊電達貴州周主席派軍進迫邊境請電制止由

轉送第四集團軍總司令部。

十、第四集團軍總部函復貴州旅湘公民孫慕堯電以李
燊進兵黔境一案業呈請中央核示並電魯何督會辦飭部
禁止希轉知由

查案批示知照。

十一、永綏縣清鄉委員會宋運徵等呈為該處匪共等人
雜居公懇留兵鎮攝候示遵由

轉行湖南省政府。

十二、第四集團軍函為第五獨立師長劉所部業已令飭
歸併請轉呈國府調該師長為湖南省政府委員由

已經議決。

丙、關於財政者計十二件

一、行政院函復本會電請舉辦關稅付捐案經議決先由
財政部籌撥一百萬元交賑務處勻配另飭計劃發行公債

撥辦賑務希查照由

轉行兩湖省政府，並函復已接國民政府電撥給二百萬
元，請催促財政部從速撥發。

二、財政部電復本會請就關稅徵收付捐賑災案恐關稅
自主進行正另籌辦法俟確定後再統籌支配請查照由

轉行兩湖省政府知照，並電復請速籌賑濟。

三、財政部電復漢口中央中國交通鈔票業經呈准發行
十七年金融長期公債請查照由

轉行財委會、兩湖省政府、銀行公會、總商會。

四、漢口總商會代電為政府預備發行長期公債收回漢
鈔商眾惶恐請籌整理辦法候示遵由

轉函財政部。

五、財政部代電為前請本會填印花工本洋一萬元印收
送部請迅辦見復由

交財委會。

六、財政委員會呈復查明永興公司萬和萬壽兩輪不受
檢查情形並擬請令湘鄂財廳會商解決辦法祈核示由

分令兩湖財廳查案核辦具復。

七、湖北省政府呈復粵漢轉運同業公會所呈武羊火車貨
捐與統稅章程案飭據財廳呈復尚無抵觸請鑒核施行由

交財委會。

八、湖北省政府呈復奉令轉飭湖北逆產審委會將懸案
列來報查案遵即錄令分飭財廳暨該會辦理乞鑒核由

指令呈悉。

九、財政委員會送到本會交辦文件週報表由

提出報告。

十、湖南省政府送到該府召集國稅機關聯席會議紀錄由

擇要報告。

十一、財政委員會送到該會第十六次常會紀錄由

擇要報告。

十二、武昌造幣廠領工陳廣光等呈為失業日久懇飭廠

開鑄由

交財委會。

丁、關於建設者計三件

一、第四集團軍抄送湖北陸軍測量局科長擬修沙常汽

車道計劃書請轉飭湘鄂省政府核辦由

轉兩湖省政府。

二、湖北省政府呈復在武漢設立粵漢鐵路籌備處案據

建設廳擬具此項籌委會章程請鑒核施行案由

存候鐵道部專員到日再提出討論。

三、粵漢鐵路促成委員會委員周震麟等電薦該會委員袁

德宣吳超徵劉健等為完成粵漢鐵路籌備委員盼電復由

電復俟組織時再行奉聞。

戊、關於外交者計三件

一、王正廷電詢漢口外僑賽馬會與酒捐局如何發生爭

端及現在辦理情形祈電示由

速令煙酒事務局交涉署具復以便轉電。

二、外交部函為漢口特三區市政局長張履鰲辭職遺缺

派蔡光黃接充請查照由

轉知各機關查照。

三、英國駐漢總領署函陳湖北煙酒局提扣未貼印花洋

酒一案經向外部交涉允許發還請查照施行由

轉行湖北交涉署據約辦理。

己、關於教育者計一件

一、湖北教育廳呈為據情轉呈視察漢口市立各小學報

告書請備案由

指令備案。

庚、關於司法者計一件

一、鄂西行政委員姜玉笙呈為陳明前三十軍違法判決

擬請撤銷原判提交法院審判乞核示案

應如擬辦理。

辛、關於雜件者計七件

一、國民政府文官處電達中央最近政情由

提出報告。

二、第四集團軍總司令部函為准胡院長電以去年抄獲

寄存湖北交涉署共產黨中央組織部重要文件兩箱及留

存漢口關係中央文件概請運京請辦理由

派張理書羅股長查明辦理函復。

三、湖北全省官曆翻印處為繼續翻印國曆認備案並通

令推銷由

轉行各機關。

四、鄂北工賑工程處長林逸聖電陳就職日期由

電復獎勉。

五、湖北省政府送到該府第五十九次政務會議議事錄由
摘要報告。

六、湖北省政府送到該府第六十次政務會議議事錄由
摘要報告。

七、湖南省政府送到該府第四十八次委員會議議事錄由
摘要報告。

第四十六次常會

議決案

日　　期　十七年十二月四日（星期二）下午一時
地　　點　本會
出席委員　李宗仁　張知本　胡宗鐸　張華輔
請假委員　白崇禧　陳紹寬　魯滌平　李隆建　劉嶽峙
　　　　　嚴　重
主　　席　李宗仁
秘書長　　翁敬棠
紀　　錄　李載民　林眾可

主席恭讀總理遺囑，宣告開會。
秘書長報告處理事務並執行第四十五次常會議決各案經過。

討論議事日程

（一）擬設立臨時商事法庭清理武漢各商號因受現金集
　　　中影響各債權債務案（主席提出）
議決：修正通過，呈請中央政治會議備案並分行關係各
　　　機關。
（二）武漢國貨展覽會籌備大綱案（主席提出）
議決：修正通過。

（三）財政委員會呈擬具兩湖省政府監督國稅機關條例
　　　請鑒核施行案（主席提出）

議決：應如擬辦理。

（四）湖南清鄉督辦寶呈制定懲治共產黨徒暫行條例請
　　　備案案（主席提出）

議決：准予備案。

（五）武漢市政委員會呈請電商湘省政府弛禁米穀出境或
　　　由鄂商前往購運俾維民食候示遵案（主席提出）

議決：仰逕向湖南省政府商請核辦。

（六）湖北省政府呈據武漢市委會呈報接管漢口電話局
　　　請鑒核案（主席提出）

議決：准予備案。

（七）武漢市政委員會呈請由煙酒捲煙各稅項下附加市
　　　稅請核示案（主席提出）

議決：交財政委員會核辦。

（八）湖南建設廳長呈擬由湘鄂贛三省分擔資金維持
　　　〔治〕萍鄉煤礦請察核施行案（主席提出）

議決：轉行湖北省政府，並函請江西省政府協同辦理。

臨時動議

（一）湖北省政府委員兼民政廳長嚴重因病仍懇辭兼職
　　　案（主席動議）

議決：慰留，派湖北省政府委員孫絪暫行代理。

（二）湖北省政府呈請派考試鄂東區佐治職員典試監試
　　　正副委員長案（主席動議）

議決：照派。

附提案理由

（二）國貨展覽會籌備大綱案（主席提出）

查本會第十七次常會議決籌辦兩湖物產展覽會，曾經令
飭兩湖省政府籌畫後於第四十一次常會議決電工商部將
上海國貨展覽會閉會後移漢合併舉行各在案。旋工商部
來電詢問移漢開會日期，經前次常會議定於十八年二月
一日舉行，茲擬定國貨展覽會籌備大綱，敬請公決。

附擬定國貨展覽會籌備大綱

一、籌備委員會

擬設武漢國貨展覽會籌備委員會，由湖北建設廳督同武
漢兩商會辦理。

二、展覽日期

擬定為十八年二月一日至三月十日，浙江西湖展覽會定
三月一日，由本會電商請其改期。

三、展覽地點

擬定民樂園在展覽期內，除重要游藝部分由該園自行管
理外，其展覽部分均由展覽會辦理。

四、開會經費

預定經費五萬元，其詳細節目應另行擬具預算書備核，
由政治分會暨兩湖省政府撥助二萬元，餘由武漢兩總商

會籌集，並以臨時門票、租金等項收入充之。

五、物品徵集

應即由建設廳會同總商會派員赴滬與各省代表商人接洽，將滬會物品移漢外，再由本會電達兩湖建設廳暨商會廣為徵集兩湖出品，並電各省政府商會補充徵集。

比較重要文件之報告

甲、關於民政者計三件

　一、湖北省政府呈復遵令籌辦平糶局由

　　指令呈悉。

　二、漢口第二特區管理局局長宋式驫呈報載董事等控該局長貪汙各節請派員澈查由

　　指令仍候查明辦理。

　三、鄂西行政委員姜玉笙電呈養日晉省面請訓示委秘書暫代職務由

　　存。

乙、關於外交者計一件

　一、外交部函復湖南交涉員呈請更定該署等級案俟下屆預算時再行追加由

　　轉湖南省政府。

丙、關於軍政者計七件

　一、湖南魯主席劉軍長電復協辦軍米乞核減數量由

　　送第四集團軍總司令部。

　二、湖南魯主席電復清鄉督辦署裁撤後於省政府添設

軍務科及懲共法院對於綏靖地方可無障礙由

電復。

三、鄂西行政委員呈據施鶴民眾代表電以四十三軍勒捐款項提取槍枝請制止由

轉函第四集團軍總司令部，並指令。

四、貴州省政府主席電為四十三軍軍長李燊率部犯黔請主張正義由

送第四集團軍總司令部。

五、荊州縣各法團電吳新田追索給養懇將該軍調開由

轉送第四集團軍總司令部。

六、第四集團軍總司令部函復已令所屬各軍將楚安等艦交還江防局由

轉送湖北省政府。

七、參謀總長李濟琛電達啟用印信日期由

電復。

丁、關於財政者計十二件

一、湖南省政府呈該府議決鹽稅臨時附加及教育路股慈善等費照舊撥解省庫請飭財委會知照由

交財委會。

二、財政部函復財委會呈擬長岳口內地稅局准於新章規定外另加一千元如將來稅收短絀應隨時核減由

交財委會。

三、外交部函復提撥海關絲稅興辦蠶業案經商財部辦理俟復到再行核辦由

轉令湖北建設廳。

四、湖北煙酒事務局呈復辦理西商跑馬會漏稅洋酒與國際外交並無影響及不能發還情形由

摘要電復外交部。

五、湖南建設廳呈湘鎬改由火車裝運請免徵釐金由

轉行湖北財政廳核辦，交財委會查照並復。

六、湖北清鄉行署代電老河口印花局長及郵包稅局長均經該署撤職管押乞飭各該主管機關遴員接充由

交財委會。

七、國民政府文官處函抄送重慶商會為財委會對於川鹽加稅請收回成命由

交財委會。

八、財政部函復漢口德士古運油違章已經認錯准免置議請查照由

交財委會。

九、中交漢鈔執券人會代電懇勿以十七年金融長期公債整理中交漢鈔並請飭令中交兩行即以閱兌由

轉財政部。

十、宜昌關監督電因公來漢請假三星期委課長暫代職務由

交財委會。

十一、湖南財政廳呈賚九月份收支表冊請備案由

交財委會。

十二、財政委員會秘書處送到本會交辦文件周報表由

存。

戊、關於司法者計二件

一、湖北省政府呈復湖南柑子園礦區案未便核辦請示
遵由

轉農礦部。

二、湖北全省各縣在押人犯等呈請頒赦典由

仰呈司法院核辦。

己、關於實業者計一件

一、江西省政府函為籌撥的款派何熙曾接管萍礦該員
到漢祈賜指示由

轉武漢市委會、湖北建設廳、湘鄂鐵路局量為協助。

庚、關於教育者計一件

一、湖北省政府呈轉呈平民識字運動大綱並請轉飭一
體舉辦由

指令並分別轉行知照。

辛、關於建設者計三件

一、湖北建設廳呈遵照省令註銷航船註冊查驗辦事處
於黃經堂等五處改設查驗放行事務所由

指令備案。

二、武漢市政委員會呈復遵令轉飭社會局將建築貧民
住所案併入新村案內辦理由

指令呈悉。

三、第四集團軍總司令部函據情轉請飭湖北建設廳撥
城磚四萬塊俾造無線電台房屋由

轉湖北建設廳。

壬、關於雜件者計七件

一、中央政治會議電復本會請解除程潛監視免予查辦案經議決照准並咨國府查照特電達由

電復遵照辦理。

二、湖南省黨務指委會函復本會提倡國貨案已分令遵辦由

存。

三、武漢市物價評定委員會呈為該會開辦經常各費經議決由組織各機關平均分擔並各先交百元請核准撥賜由

照撥。

四、國民政府文官處電達中央最近政情由

存。

五、財政委員會送到第十七次常會紀錄由

存。

六、湖北省政府送到第六十一次六十二次議事錄由

存。

七、湖南省政府送到第四十九次五十次五十一次常會紀錄由

存。

第四十七次常會

議決案

日　　期　十七年十二月十一日（星期二）下午一時
地　　點　本會
出席委員　李宗仁　張知本　張華輔
請假委員　白崇禧　胡宗鐸　陳紹寬　魯滌平　李隆建
　　　　　劉嶽峙　嚴　重
主　　席　李宗仁
秘 書 長　翁敬棠
紀　　錄　李載民　林眾可

主席恭讀總理遺囑，宣告開會。
秘書長報告處理事務並執行第四十六次常會議決各案經過。

討論議事日程

（一）武漢市委會呈建築漢口新村擬由漢平粵漢兩鐵路
　　　局附加捐一成四個月作為政府撥給股款案（主席
　　　提出）
議決：轉漢平、粵漢兩鐵路局核議具覆。
（二）湖南省政府呈具臨時懲共法院組織暫行章程請核
　　　示案（主席提出）
議決：准予備案，仍候國民政府核示。

（三）武漢市委會呈據財政局呈擬建築武漢三鎮鐵橋援
例由江漢關稅收項下抽收附加捐為經費請核示案
（主席提出）

議決：交財政委員會核議。

（四）湖北省政府呈據逆產審委會呈復歷來審查經過情
形並附各案已否審定表請鑒核案（主席提出）

議決：應由該會從速審查聽候覆核。

（五）宜昌交涉員呈英商在〔上〕海瑞瑢機器廠在宜擅
設分廠請制止並自行設廠以挽利權乞核示案（主
席提出）

議決：仰據約辦理仍，候外交部核示。

（六）第四集團軍總司令部函送該部交通處長擬具廣播
無線電台籌備委員會及收寄〔音〕員班組織大綱
並經常費預算書請核辦案（主席提出）

議決：俟財政充裕再行辦理。

臨時動議

（一）設立訓政學院案（主席提議）

議決：一、湖北黨務訓練所現將結束，所有該所地址及
原有經費一律撥歸該院，其不足之數再由本會撥
給。二、擬具該院組織條例，俟下次會議提出。

比較重要文件之報告

甲、關於民政者計十一件

一、國府文官處電知本會請賑兩湖災黎電已交賑務處由

彙轉兩湖省政府。

二、國府賑務處代電本會請賑兩湖災黎案俟財部發下

賑款統籌分配望先就地籌賑由

彙轉兩湖省政府。

三、國府賑務處函復湖南急賑委員會請救濟案俟財部

發下賑款統籌分配望先就地籌賑由

轉湖南省政府。

四、譚院長延闓電復賑款已由部設法墊借購糧分濟鄂

中災區較廣飭處寬為分配由

彙轉兩湖省政府。

五、甘肅省政府電復無力助賑湘鄂由

存。

六、盧師長興邦匯洋五百元賑濟兩湖災黎由

轉發，並覆。

七、湖南省政府呈為撤銷該省設在鄂境米捐局卡由

轉湖北省政府，並指令一面交財委會查照。

八、鄂西行政委員條陳擴大縣署組織增加經費提高佐

治員地位意見由

指令嘉勉，交湖北省政府審核酌予採擇施行。

九、財政部函復官吏卹金條例施行細則及發給卹金規

則已錄函轉呈中央政治會議由

交財委會。

十、湖南省政府電復該省南縣黨務指委會為縣城被共匪放火延燒代懇賑濟案經省賑委會議決撥賑款五千元已具領散放由

指令呈悉。

十一、湖北禁煙總局電為沙市公安局扣留特貨勒索稅捐請制止由

轉令湖北省政府，並指令。

乙、關於財政者計九件

一、財委會呈復辦理外國跑馬會洋酒案查復情形由

轉行湖北交涉署，並指令。

二、湖北交涉員呈復跑馬會洋酒案英領繆解條約由

彙轉外交部，並指令。

三、湖南省政府呈擬邊岸腹岸附加鹽稅辦法由

交財委會。

四、湖南省政府電復減輕鹽稅懇核准前呈由

交財委會。

五、宜昌商會呈鹽厘稅重懇飭收回成命由

交財委會。

六、財政部函詢行楚川鹽加稅實情請查明迅復由

交財委會。

七、湘鄂鐵路局呈飭財委會填發該路枕木免厘護照並轉各關局知照由

交財委會。

八、旅鄂湖南商幫聯合會呈為紅茶稅重請一律免稅由

交財委會。

九、財政委員會秘書處送到本會交辦文件周報表由

存。

丙、關於軍政者計四件

一、湖南清鄉督會辦電呈該署結束日期解除職務由

電復。

二、湖南清鄉督會辦電復清鄉督辦署收束後於省府設

軍事科及懲共法院於十一月底結束由

電復。

三、武漢衛戍司令呈擬防止工人入共辦法由

指令所擬辦法均屬妥善，應准備案。

四、陵案審判長商震等電為盜掘清陵奉令組織高等軍

法會審成日期由

存。

丁、關於教育者計二件

一、代理武漢大學校長呈為前武昌大學欠紐約書局美

金九十六元一角五分該校未列預算請示辦法由

交財委會核議具復。

二、張學良電達哈埠學警衝突已照常上課由

存。

戊、關於建設者計六件

一、湖北賑災委員會呈請令湘鄂漢平兩路局撥車運米

並減運費由

轉行漢平湘鄂兩路局，並指令。

二、鐵道部為前交部呈准訂定鐵路運輸物品條例及減價辦法由

分行兩湖省政府。

三、武漢市政委員會呈復武漢電話局無力協濟西北無線電分處開辦費由

婉復交通部，並指令。

四、廣州政分會李主席電續派陳慶雲等駕駛珠江號水機長途飛行擬在漢口降落由

速抄送第四集團軍司令部。

五、湖南省政府電請飭湘鄂路局速換枕木增加客車由

轉令湘鄂路局，並電復。

六、湖北省政府呈據市委會呈轉咨交部飭漢口電報局對該會電報照常軍電收費由

轉函交通部，並指令。

己、關於實業者計三件

一、湖北省政府呈復第一紗廠開工案釋建廳呈俟與股東商籌辦法即行開工由

指令呈悉，飭該廳督飭該廠早日興工。

二、駐漢英總領事函為武昌第一紗廠一部分股東反對與大中實業公司借款復工擬定四項辦法由

轉行建設廳、市委會，該領事直接函達本會不合手續，姑留備參考，並令交涉署查照應向英領聲明，嗣後如有交涉事件應函達交涉署核辦。

三、湖北公礦局呈復該局經省府議決裁併奉令籌辦煉
鐵案無從籌畫由

令建設廳核辦，並指令。

庚、關於司法者計一件

一、湖北清鄉署督辦電審訊老河口郵包稅局及印花稅
局長罪證確鑿已判決槍斃扣貨發還贓款沒收由

電復。

辛、關於雜件者計十件

一、工商部函送中華國貨展覽會各項章則暨兩湖博覽
會議案等請參考由

交張、林、李秘書、李科長會同辦理。

二、張文傑電復二月一日舉行兩湖展覽會案容下次會
議提出由

存。

三、國府文官處電達中央最近政情由

存。

四、中央民眾訓練委員會電復漢平路線所有共匪潛伏
整理可以從緩由

轉行漢平鐵路局。

五、湖南省政府呈明共匪猖獗繼續檢查新聞紙類之備案由

應予備案。

六、國府文官處電為奉國府令程潛免予查辦

七、程潛呈恢復自由肅陳謝悃請轉中央辦案由

轉呈中央。

八、陳紹寬電復業送頌公三千元由

存。

九、湖北省政府送到第六十三次六十四次會議紀錄由

存。

十、湖南省政府送到第五十二次五十三次會議紀錄由

存。

壬、關於密件者計一件（不公布）

一、林逸聖密電樊城印花稅分局長羅愛起畏罪潛逃懇
通令嚴緝由

通行各機關，並電復並交財委會查照。

第四十八次常會

議決案

日　　期　十八年二月十二日（星期二）下午三時
地　　點　本會
出席委員　張知本　胡宗鐸　張華輔
請假委員　白崇禧　魯滌平　陳紹寬　李隆建　劉嶽峙
　　　　　嚴　重
主　　席　李宗仁因公赴京，臨時公推張知本代主席
秘　書　長　翁敬棠
紀　　錄　李載民　徐汝梅

主席恭讀總理遺囑，宣告開會。
秘書長報告處理事務並執行第四十七次常會議決各案經過。

討論議事日程

（一）湖北省政府暨湖北高等法院呈擬派武漢臨時商事
　　　法庭審判委員乞示遵案（主席提出）
議決：准予照委，並指定王鎮南為該庭主任，一面令知
　　　市政府迅即選定一員呈候委派。
（二）據本會秘書處簽呈湖北設立模範縣審查報告提請
　　　公決案（主席提出）
議決：交湖北省政府查酌辦理。

（三）武漢圖書編印館擬即成立案（主席提出）

議決：修正條例及預算均照案通過，副館長暫緩聘任，派但燾、陳白虛、高穰為編譯委員會常務委員，翁敬棠為第一部主任，麥煥章為第二部主任，即由該常委及主任等會同負責籌劃辦理。

（四）關於本會接收時政條陳業經審查完畢擬分別給獎其可採者並轉交各該管機關採擇案（主席提出）

議決：照案分別給獎。

（五）湖南省政府呈資民政廳考選地方官吏及任用保障各項暫行條例乞備案案（主席提出）

議決：准予備案。

（六）湖南省政府魯主席財政廳劉廳長呈以十七年度下期預算收支相差過鉅乞察核案（主席提出）

議決：合併第七案辦理。

（七）湖南省政府魯主席財政廳劉廳長呈為財政不能實行原定計畫特派專員縷陳窘困情形乞察核案（主席提出）

議決：交財政委員會統籌辦理。

（八）武漢市委會呈以武漢電話局依市組織法應由該會接管乞示遵並據武漢電話局呈奉交通部來電仍歸部轄案（主席提出）

議決：據呈並聲明市組織法規定，轉請交通部查照。

（九）湖北省政府委員兼民政廳長嚴重呈請辭職案（主
　　　席提出）

議決：嚴委員因病迭呈辭職，情詞懇摯，應呈請中央准
　　　予開去民政廳長兼職，遺缺請以現在代理該職孫
　　　委員繩補實。至嚴委員所請並辭湖北省政府委員
　　　一節，應予慰留。

臨時動議

（一）財政委員會呈報武陽夏煙酒營業牌照稅分局長吳
　　　文治濫發臨時收據有意侵蝕擬請組織法庭依法審
　　　判案（主席動議）

議決：應組織臨時法庭審判。

（二）擬辦武漢英文日報案（胡委員宗鐸動議）

議決：通過派胡道維先行籌備。

請求追認案（主席提出〔議〕）

查本會自十七年十二月十八日起，迭次常會均以不足法定
人數未能開議，所有各案因未便延擱已先行斟酌辦理，茲
特提出本次常會請求追認。

　（一）擬訂武漢訓政學院組織條例各項規則並預算概要案

　　俟商湖北省政府將該院經費決定後再行核辦。

　（二）擬訂兩湖臨時禁煙委員會組織條例案

　　根據設立該會原案，將擬定條例呈請中央備案，並行
　　知該會及兩湖省政府。

（三）湖北省政府轉據武漢市委會呈請令法院將武漢市區內不動產登記事務移交市委會辦理案

令〔轉行〕湖北高等法院將從前登記辦法詳晰呈復以憑核辦，並轉市委會知照。

（四）武漢市委會呈請劃撥賑款整理擴充貧民工廠及籌辦平糶為代賑事業乞示遵照〔案〕

指令該會所擬辦法尚屬妥協，已迭電中央請撥賑款，俟撥到即行發給辦理。

（五）財政委員會呈擬徵收桐油出口特稅並草訂暫行條例請核示案

指令〔仰〕該會先行試辦，一面函請財政部備案。

（六）兩湖臨時禁煙委員會呈請將各縣拒毒會撤銷並轉令通飭各縣不得干涉禁政案

指令該會〔查〕拒毒會只任勸戒，縣長亦負有禁煙行政之責，應由該會切實指導恪依禁煙法令辦理，不得踰越範圍。

（七）核減中山日報補助經費案

查該報按月開銷浩大有至二萬元以上者應予核減，茲特酌量限定每月補助費一萬六千元，分別行知財委會暨該報社知照。

（八）補助武漢國貨展覽會經費案

該會經費原定六萬元由商會擔任不足再由政府補助，茲由本會補助一萬元，令交財委會撥付。

　　（九）財政委員會呈兩湖中央稅款入不敷出擬自本年
二月起各中央所屬機關職員薪俸分為五折至九折按照
等級分別折扣案

通行各機關遵照辦理。

議決：追認，惟關於第三案湖北省政府轉據武漢市委會
　　　　呈請令法院將武漢市區內不動產登記事務移交市
　　　　委會辦理一案，應令湖北高等法院迅速呈復，以
　　　　憑核辦。

第四十九次常會

議決案

日　　期　十八年二月十九日（星期二）下午二時

地　　點　本會

出席委員　張知本　胡宗鐸　張華輔

請假委員　白崇禧　魯滌平　陳紹寬　李隆建　劉嶽峙
　　　　　嚴　重

主　　席　李宗仁因公赴京，臨時公推張知本代主席

秘書長　翁敬棠

紀　　錄　李載民　謝遠湛

主席恭讀總理遺囑，宣告開會。

秘書長報告處理事務並執行第四十八次常會議決各案經過。

討論議事日程

（一）擬修改武漢圖書編印館組織條例案（主席提出）

議決：照修改通過。

（二）擬聘孔雯掀先生為武漢圖書編印館副館長案（主
　　　席提出）

議決：照聘。

（三）擬定武漢英文日報經費範圍案（主席提出）

議決：該報社應附屬於武漢圖書編印館，所有此項預算
　　　交由本會秘書處擬定呈核。

（四）臨時商事法庭經費範圍案（主席提出）

議決：應就開辦費二千元、經常費四千元至五千元範圍
　　　內擬具預算。

（五）湖南省政府呈擬暫緩廢止湖南懲治共產黨徒暫行
　　　條例乞備案案（主席提出）

議決：准予備案。

臨時動議

（一）擬改組湖南省政府案（主席動議）

議決：一、依據政治分會暫行條例第二條第三項先
　　　　　〔施〕行免去湖南省政府主席魯滌平本兼各職，
　　　　　聽候查辦。

　　　二、原該省政府委員除何鍵、曾繼梧、周斕、劉
　　　　　興、劉鈾仍予留職外，其委員兼財政廳長劉嶽峙、
　　　　　兼建設廳長劉召圖、兼教育廳長張烱均應免去本兼
　　　　　各職。又委員陳嘉佑、陳嘉任、張定、李隆建亦應
　　　　　一併免職，以張開漣、黃士衡、鄒鵬振、葉琪、吳
　　　　　尚、陳渠珍為湖南省政府委員，並以張開璉兼財政
　　　　　廳長，周斕兼建設廳長，黃士衡兼教育廳長。

　　　三、指定何鍵為湖南省政府主席，該員未到任以
　　　　　前，由委員兼民政廳長曾繼梧暫行代理。

重要文件之報告

關於民政者

一、鄂北工賑工程處呈據竹谿縣呈遵令查填災民糧食
調查表轉請急賑由

轉令湖北賑委會，並指令。

二、第四集團軍總司令部函據湖北禁煙稽查處電以湖
北印花稅局委派各地戒吸憑證印花專員振觸法令有礙
禁收請核辦由

交財委會核辦，並函復。

關於外交者

一、第二十八師特別黨部電請外交當局對濟案談判以
撤兵為先決由

存。

關於財政者

一、財政部函復徵收捲煙統稅條例及與英美煙公司合
同奉行窒礙案已列單解釋請轉飭遵照由

交財委會。

二、財政部電復四岸淮鹽引票查驗統一辦法已定二月
十日實行湘鄂兩岸應一律由

交財委會。

三、財政部電兩湖存倉未納特稅煤汽油已由部直接徵
稅由

交財委會。

四、財委會呈復湖南捲煙煤油稅局扣留英艦自用煤油案經飭局根據合同辦理由

轉湖南交涉委員會，並指令。

五、中央政治會議電達煤油稅撥海關徵收嗣後任何機關不得再立名目加徵由

交財委會。

六、財政部函復財委會擬徵桐油特稅勿庸舉辦如有加稅必要查酌產銷情形另籌辦法呈部核定由

交財委會。

七、湖北省政府呈請令財委會通令各徵收機關對於省銀行輔幣券一律照現洋收用由

轉財委會，並指令。

關於軍政者

一、陸軍二十二師長程心明電擁護編遣會議議決各案由

存。

二、湖南省政府委員電該府擁護編遣會議議決各案由

存。

三、金漢鼎代電條陳剿辦朱意見由

函復。

關於司法者

一、湖北省政府呈復何鍵等請取銷前任英山縣長汪鼎成通緝一案已函商安徽省政府核辦由

轉四集團總司令部。

關於教育者

一、湖南省教育會執委會秘書長文亞文呈據情轉請各縣教育局經費應否歸財政局收管乞解釋由

交湖南省政府核辦，並批。

關於實業者

一、第一紡織公司董事長彭少田呈報就職日期由

批據呈已悉。

關於建設者

一、軍政部電准交部咨關於個人私事擅發軍官電報者由報局扣留由

存。

二、第四集團軍總司令部函據漢口電報局呈漢口至黃州團風電報不通請令湖北省政府轉飭地方保護由

轉行湖北省政府，並覆。

三、航空協進會四區分會呈宜昌飛機廠借用地皮忽生阻礙請電劉清鄉司令協助由

電宜昌劉司令協助，並指令。

四、湖南第三汽車路務委員會呈請令湘省政府維持汽車路原案由

轉湖南省政府。

關於雜件者

一、武漢衛戍司令部呈請通令各機關對於派遣辦案人員如須入人民住宅偵察務令會同警察處理由

函第四集團軍總部暨通行各機關，並指令。

二、葉楚傖電中央日報東日出版請指定專員將可公布消息按日電告由

宣傳股查照，並電復。

三、白總指揮電謝慰問由

存。

附錄

武漢政治分會成立記——誓詞、演說

漢口函。武漢政治分會於五月十八日舉行成立典禮，全體委員宣誓就職，由中央特派在漢中央委員陳嘉佑（十四軍長）監誓。是日計到武漢政治分會主席李宗仁，委員程潛、白崇禧、胡宗鐸、張知本、陳紹寬、李隆建、嚴重、劉嶽峙、魯滌平、張華輔等十一人，其餘各界來賓到場觀禮者不下三百餘人。正午十二時開會，首由主席李宗仁領導全體委員宣誓，誓詞如下：「余等誓以至誠恪遵本黨黨綱、總理遺訓，努力國民革命，實現廉潔政府，並忠於本職，決不濫用公帑、引用無用之人，如有違背，願受本黨最嚴厲之處罰。謹誓。」誓畢，由中央委員陳嘉佑致訓詞，大致謂武漢政治分會成立意義在代中央處理兩湖軍事黨務政治，責任非常重大，本人代表中央，對各委員略有貢獻：一、武漢政治分會以後一切設施，希望秉承總理公誠遺訓；二、兩湖受共黨蹂躪太甚，人民需要在安居樂業，希望武漢政治分會努力清共清匪，恢復地方安寧；三、兩湖已屆訓政時期，希望武漢政治分會關於軍事政治及其他一切，均公開統一；四、兩湖在歷史及地形上為全國重要中心，一切設施足為全國模範，所以武漢政治分會比較其他政治分會為尤重要，其責任遂亦比較重大。李主席及各委員均本黨領袖，當能將分會所負一切任務完全實

現云云。次來賓第二集團軍代表何其鞏、李景林、岳維峻代表焦易堂、鄂教育廳長劉樹杞、十二路總指揮李品仙、湖北交涉員甘介侯、鄂財廳長張難先等先後致詞。最後由李主席致答詞，大致謂本會成立，承中央委員及各來賓光臨，並有所貢獻，非常感謝。本會將來成績，當視本會委員之努力如何，本會既承受中央命令努力革命，而兩湖承共黨蹂躪之後，人民望治甚殷，以故本會將來設施，最低限度亦當努力清鄉、掃除共匪、整頓吏治、整理財政，消除一切貪官汙吏，俾政治得入光明之路。其次總理民族主義對於中國固有文化道德再三致意，本會將來一切設施當根據文化道德發揮光大，俾養成兩湖民眾在政治上之重心。對日交涉發生，中國及本黨環境異常危險，日政府派兵至山東妨害革命，壓迫我軍隊，殘殺我人民，直是藐視我四萬萬民族，此種奇恥大辱，吾人再不振作、不努力，如何做人。本人代表本會，希望眾志成城，集中兩湖民眾力量，打倒帝國主義，剷除社會一切不良問題云云。詞畢，攝影散會，時已午後三時。

──錄自《新聞報》，1928年5月21日，第四版。

武漢政治分會開始結束——財委會改組為特派員公署

武漢政治分會成立於十七年五月十八日，計委員李宗仁、胡宗鐸、張知本、魯滌平、嚴重、張華輔、李隆建、白崇禧、陳紹寬、程潛、劉嶽峙等十一人，以李宗仁為主席，截至本月十五日開始結束，為期適足十個月，計共開常會四十九次。改組湖南省政府一案，即第四十九常會所決議者。中央對於各地政治分會早經第五次全體會議決定，於十七年年底一律取消，旋經十二月廿七日中央第一八九次常會決議展至三月十五日以前裁撤，三月十三日中央政治會議第一七九次會議又決議各地政治分會應遵照中央決議案，即日停止開會，結束裁撤。武漢政治分會於十四日奉到中央政治會議元（十三日）電，比即遵於十五日開始結束，由秘書長翁敬棠督率秘書處人員趕辦結束事宜。所有十五日以前收到文件，趕即分別辦理，會內一切器具編定號碼登記，文卷檔案分股清理，並於十六日午後一時召集各秘書股長開結束會議，討論結束手續，所有文卷將來或派員保管，或呈繳中央，業電中央及李主席請示辦法。據聞結束手續約兩星期可辦理完竣，至遲三月底可告結束。至該會秘書處人員統於結束後遣散，惟秘書長翁敬棠業經中央改任為湖北高等法院院長，翁俟結束完畢即赴京報告，並向司法院請訓，再回鄂就職云。

武漢政治分會所屬之財政委員會原係管理中央稅收及兩湖財政機關，政治分會既遵令撤銷，該會自應同時消滅。惟

以兩湖國稅在目前及事實上仍須有負責管理機關，故由財政部宋部長與政治分會李主席往返磋商，始決定暫於湘鄂兩省各設財政特派員一人管理湘鄂國稅，即以前財委會主任委員白志鵾為湖北特派員，栗顯揚為湖南特派員。此項明令早經中央發表，白志鵾奉令後，關於結束財委會及組織特派員公署亦經著手籌畫。該署組織法雖經財部公布施行，惟經費預算及徵收各種章則尚未頒發，特於日前電請財部請示方案。財部旋覆令關於經費預算及徵收各種章則，按照特派員公署組織法第八、九兩條之規定，應由該特派員擬出草案，呈由財部核定備案。所有以上預算及草案刻正草擬中，特派員公署須俟該項預算及各草案擬妥核准後，始能正式成立。在特派員公署未成立前，仍由財委會名義暫維現狀，兼以湖南特派員公署未能急迫組織成立，關於湖南國稅部分亦須由財委會暫為主持。故財委會雖一時趕辦結束，並改組特派員公署，而完全結束之期，大約尚須一兩星期云。（十六日）

——錄自《新聞報》，1929年3月20日，第八版。

湖北省政府公告

武漢政治分會經中央議決案，於三月十五日停止開會結束、裁撤該會。奉電後即趕辦未完文件，停止正式辦公。

——錄自《湖北省政府公報》，第三十九期，1929年3月15日，頁77。

民國史料 03

中國國民黨中央政治會議紀錄
武漢分會（下）
Minutes of Central Political Council:
Wuhan Sub Political Council - Section II

編　　　者	民國歷史文化學社編輯部
總 編 輯	陳新林、呂芳上
執行編輯	李佳若
文字編輯	詹鈞誌、王永輝、江張源
審　　　訂	陳佑慎
封面設計	陳新林
排　　　版	盤惠秦、溫心忻

出 版 者　🛡 開源書局出版有限公司

香港金鐘夏愨道 18 號海富中心
1 座 26 樓 06 室
TEL：+852-35860995

✾民國歷史文化學社

10646 台北市大安區羅斯福路三段
37 號 7 樓之 1
TEL：+886-2-2369-691w2
FAX：+886-2-2369-6990

銷 售 處　深流成文化 股份有限公司
10646 台北市大安區羅斯福路三段
37 號 7 樓之 1
TEL：+886-2-2369-6912
FAX：+886-2-2369-6990

初版一刷　2019 年 8 月 20 日
定　　　價　新台幣 650 元（上下冊不分售）
　　　　　　港 幣 180 元
　　　　　　美 元 21 元
I S B N　978-988-8637-06-5（上下冊）
印　　　刷　長達印刷有限公司
台北市西園路二段 50 巷 4 弄 21 號
TEL：+886-2-2304-0488